羅門創作大系〈卷三〉

自然詩

羅門◎著

文史哲出版社印行

國立中央圖書館出版品預行編目資料

自然詩 / 羅門著. -- 初版. -- 臺北市 : 文史哲, 民84
面 ; 公分. -- (羅門創作大系 ; 3)
ISBN 957-547-943-2(平裝)

851.486　　84002947

羅門創作大系 ③

自然詩

著者：羅門
出版者：文史哲出版社
登記證字號：行政院新聞局局版臺業字五三三七號
發行人：彭正雄
發行所：文史哲出版社
印刷者：文史哲出版社
台北市羅斯福路一段七十二巷四號
郵撥〇五一二八八一二彭正雄帳戶
電話：三五一一〇二八
實價新台幣二四〇元
中華民國八十四年四月十四日初版

ISBN 957-547-943-2

誠以這系列中的十本書，做為禮物，獻給同我生活四十年、在創作中共同努力、給我幫助最大的妻子——女詩人蓉子。

每當我讀她的「一朵青蓮」與「維納麗沙組曲」等詩，那是我同其他詩人都無法只靠技巧與文字所能寫的詩——那是在人類高次元的情思世界中、以特有的內在生命機能與心靈纖維，所編織的具體可知、可感、可見的「雅典」「純摯」與「高潔」的情境，蘊含有宗教性的虔誠，在開放的內心感應磁場中，我的感動確實是超越常情與私情的；純粹是站在「詩」與「人」溶合的「天地線」上，所引起的；也不必在此故意隱瞞，因而，我這十本書，便不只是獻給我親愛的妻子——王蓉芷，也是獻給我敬愛的女詩人——蓉子。同時更是獻給所有愛護與關心我的讀者大眾，給我更多的批評與鼓勵，

羅　門

策畫者的話

◉林燿德

規畫這套書的目的，在於呈現羅門四十年來詩與藝術創造世界的完整藍圖。

從一九五四年在紀弦主編的《現代詩》上發表〈加力布露斯〉開始，羅門殫精竭力於建築自己龐碩的精神世界，發展獨樹一幟的「第三自然觀」，不僅以結構嚴謹、氣勢磅礴的詩作享譽於海內外，也在文學的哲學、藝術的批評乃至室內造型設計方面有長久的經營。

在四十年的光陰中，有些出版品早已絕版多時，為了集中展示羅門的精神原貌，提供現代詩研究者及愛好者參考品賞，《羅門創作大系》這種系列式的整編自有其必要。

卷一至卷六等六冊是按主題區分的詩集；卷七集中了關於〈麥堅利堡〉這首名作的迴響；卷八是記錄羅門思想的論文集；卷九是藝術評論集；卷十以匯集了燈屋的造型空間設計以及羅門與蓉子多年來的藝文生活影像。

一九九五年是羅門、蓉子結縭四十周年紀念，這套大系的編印在此時推出，也因而別具意義。

一九九五年三月十四日於臺北

羅門創作大系〈卷三〉

自然詩 目次

附錄部份有關評論

總序：「我的詩觀與創作歷程」

壹、我的詩觀

一、詩在人類世界中的永恆價值

關於「詩」，這一被認爲是人類生命與心靈活動最靈敏、深微、極緻與登峰造極的思想力量；也是人類智慧的精華；甚至被認爲是藝術家、文學家、哲學家、科學家、政治家、宗教家乃至「神」與「上帝」的眼睛，那是因爲「詩」具有無限與高視力的靈見，能看到世界上最美、最精彩乃至永恆的東西。故曾有不少著名人物讚言過「詩」：

·孫星衍的《孔子集語集解》說：「詩，天地之心，君德之祖，百福之宗，萬物之戶也。」（太平御覽八百四引詩緯含神霧）。

·亞利斯多德說：「詩較歷史更有哲學性，更爲嚴肅……」「詩有助於人性的倫理化」（顏元叔教授譯的「西洋文學批評史」二二頁與三六頁）。

·法國詩人阿拉貢說：「詩，不是天國的標誌；詩就是天國。」（我個人早年的讀書筆記）

·杜斯妥也夫斯基說：「世界將由美來拯救」（張肇祺教授著的「美學與藝術哲學論」

集三一頁）。此處提到的「美」字，使我想到詩將生命與一切推上美的巔峰世界這一看法時，那不就是等於說「世界將由詩來拯救」。

·美前故總統肯迪也認爲詩使人類的靈魂淨化。

事實上，詩在昇華與超越的精神作業中，一直是與人類的良知、良能、人道、高度的智慧以及眞理與永恆的感覺連在一起的，故「有助於人性的倫理化」以及在無形與有形中，「將拯救這個世界」與人類；並使這個世界與人類，活在更美好的內容與品質之中。

誠然在這個世界上，若沒有詩，則一切的存在，都只是構成現實世界中的種種材料，譬如自然界中的山只是山，水只是水，都只是構成「自然界」種種材料性的物體；人的世界中，從事各種行業的人，都只是構成「現實生活世界」有不同表現與成就的各種個體，尙不能獲得其內在眞正完美與超越的生命。這也就是說，若沒有詩，一切存在便缺乏美好的境界；陶淵明筆下的「採菊東籬下」，便像普通人採菊東籬下一樣，只是止於現實中一個有限的存在現象，不會聯想到「悠然見南山」的那種超物與忘我的精神境界，而擁抱到那與整個大自然共源的生命，超越時空而存在；王維也不會在觀看「江流天地外」，正在出神時，進入「山色有無中」的那種入而與之俱化的境界，而擁抱無限。

可見詩是賦給人存在的一種最卓越的工具，幫助我們進入一切之內，去把握存在的完美性與無限性。因此，詩也是使一切進入其存在的「天國」之路，如果這個世界確有眞正的「天國」。我深信，當存在主義思想在二十世紀對生命的存在，有了新的覺醒與體認，對上帝的存在提出質疑，人類若仍堅持信上帝、神與天堂是人類生存所企望與嚮往的世界；是宇宙萬物生命的永恆與完美的象徵，尙可將一切導入永恆與完美的位置——「天堂」，則詩人超越的心靈工作的過程與完成，便正是使一切轉化與昇華到這一類同的世界裡來，還有誰較詩人更具有那種高超特殊的智慧與才能，能確實去執行那眞正存在於人類內心中的華美的「天堂」之工作呢？事實上，一個偉大的詩人，在人類的內心世界中，已被認明是一個造物主，它不但創造了「生命」，而且擴展與美化了生命存在與活動的無限境界，並創造了內心另一個華麗壯闊的精神「天堂」。同上帝的「天堂」相望。

的確，詩人在人類看不見的內心世界中創造了多項偉大不凡的工程：

1. **創造了「內心的活動之路」**

詩人在創作的世界中，由「觀察」至「體認」至「感受」至「轉化」至「昇華」的這條心路，不但可獲得作品的生命，而且也可使萬物的存在獲得內在無限美好與豐富的生命。

譬如當詩人看到一隻棄置於河邊的鞋時，經由深入的「觀察」、「體認」與「感受」這條心路，而聯想到那是一隻船，一片落葉，便自然使鞋的存在立即「轉化」且「昇華」爲對內在生命活動的觀照與無限的感知——顯示出存在的流落感與失落感，進而揭發時空與生命之間被割離的悲劇性，而引起內心的驚視與追思，於是那隻沒有生命的「鞋」，便因而變成爲一個具有生命的存在了；又如，當詩人看到一隻廢棄在荒野上的馬車輪，由於他的靈視能超越一般人只能看到的材料世界（只是一隻破車輪），進而透過詩中的「觀察」、「體認」、

「感受」、「轉化」與「昇華」，這一「內心的活動之路」，便深一層看到那隻馬車輪，竟是轉動萬物的輪子，也是一條無限地展現在茫茫時空中的路——從它輪子上殘留下來的泥土看，可看到它通過無限空間所留下的痕跡與聲音，從它輪子上生銹的部份看，可看到與聽到它通過無限時間所留下的痕跡與聲音；當它此刻停放在無邊的荒野上，被詩人望成一種路，這種「路」，便絕非是現實世界中看到的具形與有長度的「路」，而是向內「轉化」與「昇華」爲萬物生命在時空裡無終止地逃奔與流浪的那種看不見起點與終點、也難指出方向的「路」——展示於靈視世界中的「路」，這種「路」，是呑納所有的鞋印輪印以及一切動向與涵蓋千蹤萬徑的「路」，引人類朝著茫茫的時空，走入了深深的「鄉愁」，因而觸及那含有悲劇性與震撼性的存在的思境，獲得那「轉化」與「昇華」過後的更爲深入與富足的存在境界。又如詩人T.S.艾略特面對黃昏的情景，聯想成「黃昏是一個注進麻醉劑躺在病床上的病人」，那便是將「黃昏」這一近乎抽象的時間視覺形態，置入深入「觀察」、「體認」與「感受」中，「轉化」與「昇華」爲具有神態與表情的生命體而存在了，使我們可想見到整個大自然的生命，在此刻已面臨沉落與昏迷之境，而產生無限的感懷；又譬如詩人在面對死亡，寫出了「你是一隻跌碎的錶，被時間永遠解雇了」，詩中「跌碎的錶」，它將去記錄那一種形態的時間呢？詩中的「被時間解雇了」的生命，它將到那裡去再找工作呢？它將是何種形態的生命？沿著內心的追問，我們便的確可聯想到那消失於茫茫時空中仍發出強大迴聲的悲劇性的生命了，因而覺知到「死亡」竟也是一個感人的強大的生命體，這與詩人里爾克筆下

『死亡是生命的成熟』，是一樣耐人尋味了。

又譬如當現代詩人寫下「群山隱入蒼茫」，或寫下「凝望較煙雲遠」，其詩句中的「蒼茫」與「凝望」，原屬爲沒有生命的抽象觀念名詞，但這個名詞，在詩中經過詩人藝術心靈的轉化作用，便不但獲得其可以用心來看的生命形體，而且也獲得其超物的更可觀的存在了。

從以上所列舉的詩，可見萬物一進入詩人創造的「內心活動之路」——由「觀察」至「體認」至「感受」至「轉化」至「昇華」，則那一切便無論是否有生命（乃至是觀念名詞）都一概可獲得完美豐富甚至永恆存在的生命。因而也可見詩人的確是人類內在生命世界的另一個造物主。

2. 詩人創造了「存在的第三自然」

首先，我們知道所謂「第一自然」，便是指接近田園山水型的生存環境；當科學家發明了電力與蒸氣機等高科技的物質文明，開拓了都市型的生活環境，自然界太陽自窗外落下，電氣的太陽便自窗內昇起，再加上「人爲」的日漸複雜的現實社會，使我們便清楚地體認到另一存在的層面與樣相——它便是異於「第一自然」，而屬於人爲的「第二自然」的存在世界了。

很明顯的，第一自然與第二自然的存在世界，雖是人類生存不能逃離的兩大「現實性」的主要空間，但對於一個探索與開拓人類內在豐富完美生命境界的詩人與藝術家來說，它卻又只是一切生命存在的起點。所以當詩人王維寫出「江流天地外，山色有無中」、艾略特寫出「荒原」，我們便清楚地看到人類活動於第一與第二自然存在世界中，得不到滿足的心靈，是如何地追隨著詩與藝術的力量，躍進內心那無限地展現的「第三自然」而擁抱更爲龐大與豐富完美的生命。詩人王維在創作時是使內心與「第一自然」於和諧中，一同超越與昇華進入物我兩忘的化境，使有限的自我生命匯入大自然龐大的生命結構中，獲得無限；詩人艾略特在創作時，是與第一或第二自然於衝突的悲劇感中，使「生命」超越那存在的痛苦的阻力，而獲得那受阻過後的無限舒展，內心終於產生一種近乎宗教性的執著與狂熱的嚮往——這種卓越的表現，它不就是上帝對萬物存在於完美中，最終的企盼與祈求嗎？的確，當詩人的心靈活動，一進入以美爲主體的「第三自然」，便可能是與「上帝」華美的天國爲鄰了；同時我深信，只有當人類的心靈確實進入這個以「美」爲主體的「第三自然」，方可能擁抱生命存在的深遠遼闊與無限超越的境界；方可能步入內在世界最後的階程，徹底了解到「自由」、「眞理」、「完美」、「永恆」與「大同」的眞義，並認明「人」與「自然」與「神」與「上帝」終歸是存在於同一個完美且永恆的生命結構之中，而慧悟湯恩比心目中的「進入宇宙之中、之後、之外的永久的眞實的存在」之境，便也正是無限高超的輝煌的詩境。

當我們確認詩人創造了「存在的第三自然」，事實上也就是說，沒有「第三自然」，詩人便也沒有工作之地了，因爲「第三自然」是確實品管著詩人語言媒體中的「名詞」、「動詞」與「形容詞」是否能達成詩的要求，進入詩的世界。

譬如「窗」、「落葉」、「天地線」等停留在說明中的名詞，經聯想轉化使「窗」成爲是「飛在風景中的鳥」；「落葉」成爲是「風的椅子」；「天地線」成爲是「宇宙最後的一根弦」，方能出現詩。而此刻取代「窗」「落葉」「天地線」而更生的「鳥」、「椅子」、與「弦」，便只能在「第三自然」中出現，被詩眼看見，在「第一自然」與人爲的「第二自然」是不會出現的。同樣的，柳宗元將本應是獨釣寒江魚的「魚」這一名詞，在詩中轉化爲「雪」，寫成「獨釣寒江雪」，則這句詩便非寫給魚老板看，而是給哲學家看，因爲他釣的是整個大自然孤寂荒寒的感覺。當然「雪」這個名詞，既不是「第一自然」山上的雪，也非「第二自然」冰箱裡的雪，便又只能在「第三自然」中出現，被詩眼看見，收留在詩中。

又譬如在視覺世界中我們用「看」這個動詞。當飛機飛在雲上的三萬呎高空，宇宙間神秘無比廣闊無限的景觀與畫面，若只平面用「看」是「看」不出來的，即使進一步用「讀」這一使眼睛有思想與立體視感的動詞，取代「看」，也「讀」不出來，只有以「跪下來看」，方能充份表現出內心對浩瀚宇宙所流露的那種無限虔敬與膜拜的感動之情，讓「跪下來看」的「看」這一動詞，進入N度空間便「動」出那有表情與神態的無限感人的「動」境。而當「看」改成「跪下來看」，也只能在「第三自然」方會出現，被詩眼當做詩的「動詞」收留下來。同樣的，在聽覺世界中，詩人張說寫「高枕聽江聲」用「聽」這個動詞，被大詩人杜甫換上一個也含有聽覺的「遠」字這一動詞寫成「高枕遠江聲」，便造成何等不同的聽覺世界，張說寫的仍停留在散文平面說明的聽感世界——就是睡在枕頭上聽江水流動的聲音；而杜甫以「遠」字取代「聽」「聽」的世界不但隱藏著江水流動的遠近距離感而且尙有景物移動變化的情景以及人陷入往事不堪回頭與茫茫時空中的悵惘之感；如此，聽覺的世界，豈不呈現出立體乃至N度更豐富與開闊的空間。當然這個「遠」字取代「聽」字的聽覺也正是存在於「第三自然」之中，被詩眼看見收留下來的。

再下來如「形容詞」，古詩人寫「白鳥悠悠下」，用「悠悠」這個形容詞，眞是把美的白鳥，不但在飛中送進最幽美且鳴動著音韻的軌道，而且整個過程也美，白鳥也因「悠悠」的形容詞便更美得不可思議了，而這也都是在「第三自然」中被詩眼掃描進來的。如果寫「白鳥飄飄下」，用「飄飄」這一形容的動態，則不但飛的形態散漫不美，並將本來美的白鳥，反而變醜了。當然被詩眼監視的「第三自然」，是不會讓「飄飄下」這樣平庸不美的「形容詞」裝設在白鳥翅膀飛進來的。

的確「第三自然」已被視爲是無所不在的「詩眼」，一方面幫助人類在無限超越的內在世界中，進入美與永恆的探索；一方面監視與品管著詩人手中使用的名詞、動詞與形容詞三個重要的創作媒體與符號。同時「第三自然」所建構的無限廣闊與深遠的心象世界，更是所有詩人乃至所有藝術家永久的故鄉與「上班」的地方。

3. 詩人創造了一門生命與心靈的大學問

譬如科學家面對「海」的存在，是在研究海存在的物理性——海的水質、鹽份、海的深廣度、海的產物、海的四季變化等。而詩人則多是坐在海邊觀海，把海看到自己的生命裡來，把自己的生命，看到海裡去；看到海天間的水平線，便發覺那是「宇宙最後的一根弦」；看到海上一朵雲在飄，便聯想「雲帶著海散步」，悠哉遊哉，畫面便也跟著顯映出王維與老莊來；凝望著海圓寂的額頭，便會聯想到哲人愛因斯坦與羅素等人的額頭；將藍藍的海，看成宇宙的獨目，又倒轉來看人類的眼睛，最多望了百餘年，都要閉上，而海的眼睛，卻望了千萬年仍在望——望著人類的鄉愁、時空的鄉愁、宇宙的鄉愁、上帝的鄉愁；更神妙的，是浮在海上的那條天地線，幾千年來，一直不停的牽著日月進進出出，從未停過；而海也一直握著浪刀，一路雕過來，把山越雕越高，一路雕過去，把水平線越雕越細，此時，難怪王維要把「山色有無中」的境界在詩中說了出來。由此可見詩的確是探索與創造那埋在事物與生命深處的一門奧秘的「美」的學問。

從詩人在上面所提供的多項重大創造中，我們可看出詩的確是使人類與宇宙萬物的存在，獲得一種無限的延伸，一種有機的超越，一種屬於「前進中的永恆」的存在；同時也說明詩人終歸是在「上帝」的眼睛中爲完美與豐富的一切工作的，尤其是當諾貝爾文學獎得主海明威喊出了這是迷失的一代；現代史學家湯恩比認爲人類已面臨精神文明的冬季，則詩人的存在，便更是人類荒蕪與陰暗的內在世界的一位重要的救主了；並絕對地形成人類精神文明的一股最佳且永遠的昇力，將人從物化的世界中救出來，尤其是在廿世紀後現代掀起解構與多元化的理念，導致泛方向感與泛價值觀所形成失控與散落的生存亂象，也更有賴詩在超越與昇華中的開放的視野與統化力，穿越各種變化的時空環境資訊與符號，於「無形中」提供一開放的新的一元性，來協和「心」「物」進入一個新的美的中心，再度在詩所創造的人類內心的「第三自然」世界②呈現人本與人文精神新的形而上性，使世紀末「存在與變化」的飄忽不定的生存現象面的內層，仍潛伏著一種穩定的有方向感的「前進中的永恆」的思想動力，維護人類繼續對生存有信望有意義有理想目標與有內心境界的優質化生命觀。

在廿世紀，我們雖難阻止科技的威勢繼續不斷的向未來不可知的物理世界開展，並具威脅性地佔領人類的人文與心理空間，但機器仍是由人主控的。人不能失去內心空間，屈服於科學的「帝國主義」；沒有詩與藝術，科學會變得粗卑與野蠻。人文思想如果被科技文明擊敗，則人在玩電腦，便也反過來被電腦玩。那時候，人追索的是「機器的兔子」，而非人的生命；人被迫逃離人內在生命的原鄉，這一波鄉愁較都市日光燈望著由田園菜油燈所產生的鄉愁更爲激烈，是故，人不能不醒覺的讓溫潤的詩心與人文思想進駐入機器冷漠的心裡去；也就是在科技創造外在的「玻璃大廈」的同時，更以詩與藝術的心靈，建造起內在世界更爲豪華與輝煌的「水晶大廈」，這樣，既可避免人類成爲追索物質文明的動物與野獸，又可使人類活在有外在花園也有內在花園的理想世界中。

寫到這我想採取較捷便與快速的途徑，在最後重點地摘錄部份我過去寫的「詩話」，來凸現出「詩」在過去、現在與未來，在人類生命存在以及思想與智慧活動的世界中，永遠具有卓越無比的價値。

·作官與做生意的，往往只能使我們在陶淵明的「東籬下」，採到更多的「菊花」，但看不見「東籬外」更無限的「南山」；而詩能夠。

·詩能將人類從「機械文明」與「極權專制」兩個鐵籠中解救出來，重新回歸大自然原本的生命結構，重新溫習「風」與鳥的自由。

·詩能將人類與一切，提昇到「美」的顛峰世界。①

·詩能以最快的速度與最短的距離，進入生命存在的眞位與核心，而接近完美與永恆。

·詩創造的美的心靈，如果死亡，太陽與皇冠也只好拿來紮花圈了；在我看來，詩已成爲一切完美事物的鏡子，並成爲那絕對與高超的力量，幫助我們回到純粹生命的領地。

·詩與藝術能幫助人類將「科學」與「現實世界」所證實的非全面性的眞理，於超越的精神作業中，臻至生命存在的全面性的「眞理」。

·詩在超越與昇華的美中，可使時間變成美的時間，使空間變成美的空間，使生命變成美的生命，使各種學問思想（包括科學、哲學、政治、文學與藝術）在最後都變成美的學問思想。

·如果說在人類的生存空間內，優良的政治是硬體設備，則詩與藝術便是美好的軟體設備，更値得珍視。

·古今中外，所有偉大的文學家與藝術家，他們雖不一定都寫詩，但他們不能沒有卓見的「詩眼」，否則在創作中便不可能看到精彩的東西，也不可能卓越與偉大，其實，他們都是不寫詩的詩人。

·詩是人類精神世界的原子能、核能與微粒子。

· 詩在無限超越的N度空間裡追蹤「美」，可拿到「上帝」的通行證與信用卡。

· 詩是打開智慧世界金庫的一把金鑰匙，「上帝」住的地方也用得上。

· 詩與藝術創造人類內心的美感空間，是建造天堂最好的地段。

· 如果神與上帝眞的有一天請長假或退休了，那麼在人類可感知的心靈之天堂裡，除了詩人與藝術家，誰適宜來看管這塊美麗可愛的地方呢？

· 如果世界上確有上帝的存在，則你要到祂那裡去，除了順胸前劃十字架的路上走；最好是從悲多芬的聽道，米開蘭基羅的視道，以及杜甫、李白與里爾克的心道走去，這樣上帝會更高興，因爲你一路替祂帶來實在好聽好看的風景。

· 詩與藝術不但是人類內在生命最華美的人行道，就是神與上帝禮拜天來看我們，祂也是從讚美詩與聖樂裡走來的。

· 將詩與藝術從人類的生命裡放逐出去，那便等於將花朵殺害，然後來尋找春天的定義。

· 太空船可把我們的產房、臥房、廚房、賬房與焚屍爐搬到月球去，而人類內在最華美的世界，仍須要詩與藝術來搬運。

· 世界上最美的人群社會與國家，最後仍是由詩與藝術而非由機器造的。

· 沒有詩與藝術，人類的內在世界，雖不致於痘盲，也會丟掉最美的看見與聽見。

· 如果詩死了，美的焦點，時空的核心，生命的座標到那裡去找？

· 「詩」是神之目，「上帝」的筆名。

從上述的這些「詩話」中，我相信不但可看見「詩」在人類生存世界中所凸現的可觀價值，甚至可呼吸到詩在我們人類生命中無比的重要性，離開詩，便事實上等於是離開了那具有豐富、美好內容的「人」與世界。同時也可看出我執著地寫了四十年的詩，仍要堅持下去，是有充份的理由的——寫詩這件具有宗教性的嚴肅的心靈作業，對我已不只是存在於第一層面的「興趣」問題，也不只是玩弄文字遊戲；而是對存在深層價值與意義的追認，令使我以生命來全面的投入與專注的問題。誠然，詩已成爲我企圖透過封閉的肉體存在，向內打開且建立起那無限透明的生命建築。人的生命，在我看來已是一首活的詩：人從搖籃到墳墓的整個過程，是詩的過程；人整個存在與活動的空間，是詩的活動空間；人整個活動的形態，也是詩的活動形態。的確詩能確切地透視與監控著一切在「美」中存在。

二、詩的創作世界

(一)詩創作世界的基本認定

我認爲詩不同於其他文學類型的創作，是在於：

1. 詩的語言必須是詩的，具有象徵的暗示性；具有言外之意，弦外之音。
2. 詩絕非是第一層次現實的複寫，而是將之透過聯想力，導入潛在的經驗世界，予以觀照、交感與轉化爲內心中第二層次的現實，使其獲得更爲富足的內涵，而存在於更爲龐大且永恆的生命結構與形態之中；使外在有限的表象世界，變爲內在無限的心象世界。這也正是符合我內心的「第三自然螺旋型架構」的精神運作的基型——也就是將現實的「第一自然（田園）」與「第二自然（都市）」的兩大生存空間，經由心的交感轉化昇華，變爲內涵更富足與無限的「第三自然」的景觀，詩方可能獲得理想與無限的活動空間。同時詩是藝術創作，必須具備下文所論談的高度的藝術性。

(二)詩多向性（NDB）①的創作視點

我主張多向性（NDB）的詩觀是因爲詩人與藝術家是在「自由遼闊的天空」而不是在「鳥籠」內工作的。因爲他拿有「上帝」的通行證與信用卡。故不宜標上任何「主義」兩字的標籤。同時任何階段的現實生存環境，以及創作上出現過的任何「主義」乃至古、今、中、外等時空範疇，乃至「現代」之後的「後現代」的「後現代」……等不斷呈現的「新」的「現代」，對於一個具有涵蓋力的詩人，都只是不斷納入詩人超越的自由創作心靈溶化爐中的各種全面開放的「景象」與「材料」，有待詩人以機動與自由開放的「心靈」，來將之創造與呈現出新的藝術生命。所以詩的創作不能預設框限，不能不採取開放的多向性視點。

1.表現技巧的多向性：

(1)可用由外在實像直接呈現法（以景觀境）。

(2)可用自外在實像作形而上的表現法（以景引發心境）。

(3)可將內心眞實的感知，透過經驗中的實象，予以超越性的表現（透過抽象過程，再現新的眞象世界）。

(4)可自由運用「比」、「象徵」、「超現實」以及新寫實、白描、投射、極簡等技法，乃至電影、繪畫、雕塑等其他藝術技巧，以加強詩的表現效果。

2.內涵世界表現的多向性：

(1)可表現事物在時空中活動的種種美感狀態（其中有人介入；也可無人介入，只是純粹的物態美）。

(2)可表現人在時空中活動的種種美感情境，這方面應偏重。因爲它是對「人」的追蹤。這項追蹤，可在現實的場景，也可在超越現實的內心場景；可採取「大知閑閑」與「小知閒閒」的追法；可追入記憶中的故土；可追入戰爭中的苦難；可追入都市文明；可追入腰帶以上、腰帶以下；可追回大自然………甚至可把眼睛閉上，讓內心漂泊在沒有地址的時空之流上，緊追著那個從現實中超越而潛向生命深處的「原本」的人………。的確，凡是能引起我們內心感知的生命都去追，不必只限定在某一個方位上去追；可把內心擴大到目視與靈視看見有人與生命的地方都去追；甚至那躲在米羅、克利線條與悲多芬音樂中的看不見的「生命」，也不放過去追。這樣才能徹底與全面性地達到詩與藝術永遠的企意：詩人與藝術家應切實的到上帝遼闊的眼睛中，去展開多方面追蹤「人」與生命的工作。基於這一多向性的觀點，我曾經：

一、透過戰爭的苦難——在「麥堅利堡」、「板門店38度線」、「火車牌手錶的幻影」、「茶意」、「TRON的斷腿」、「時空奏鳴曲」、「歲月的琴聲」………「月思」、「

長城上的移動鏡」、「回到原來叫一聲你」、「遙望故鄉」、「炮彈·子彈·主阿門」與「世界性的政治遊戲」……等詩中，追蹤人的生命。

二、透過都市文明與性——在「都市之死」、「都市的落幕式」、「都市的旋律」、「迷妳裙」、「咖啡廳」、「瘦美人」、「都市你要到那裡去」、「方形的存在」、「摩卡的世界」、「車禍」、「提007的年輕人」、「傘」、「玻璃大廈的異化」、「眼睛的收容所」……等詩中追蹤人的生命。

三、透過對死亡與時空的默想——在「死亡之塔」、「第九日的底流」、「流浪人」、「鞋」、「睡著的白髮老者」、「車上」、「看時間一個人在跑」、「誰能買下那條天地線」、「回首」、「出走」等詩中，追蹤人的生命。

四、透過對自我存在的默想——在「窗」、「逃」、「螺旋型之戀」、「天空三境」、「傘」、「存在空間系列」、「有一條永遠的路」、「光住的地方」……等詩中，追蹤人的生命。

五、透過大自然的觀照——在「山」、「河」、「海」、「雲」、「樹與鳥」、「野馬」、「觀海」、「曠野」、「溪頭遊」、「海邊遊」、「晨起」、「飛在雲上三萬呎高空」、「一個美麗的形而上」、「大峽谷奏鳴曲」與「過三峽」……等詩中，追蹤人的生命。

六、此外透過其他的生存情境——在「光穿黑色的睡衣」、「美的V型」、「鑽石的冬日」、「悼佛洛斯特」、「都市的五角亭」、「重見夏威夷」、「餐廳」、「教堂」、「女性快鏡拍攝系列」、「手術刀下的連體嬰」、「海誓山盟」、「漂水花」、「完美是一種豪華的寂寞」、「悲劇的三原色」、「文化空間系列」、「詩的歲月」、「給藝術大師——米羅」以及「給青鳥」等詩中，追蹤著「人」的生命。

的確，從我第一首詩「加力布露斯」開始，三十年來，我是一直在現實或超越現實的內心世界中，透過詩以目視與靈視探望與追蹤著「人」的生命。並且一再強調的說：「凡是離開人的一切，它若不是死亡，便是尚未誕生」。而詩與藝術是創造「生命」的一門學問，凡是遠離「生命」的詩，只依靠知識化與腦思維機件所製作的任何藝術與詩的場景，都難免產生隔層、冷感與不夠眞摯；因爲呈裸在陽光下的綠野，同經設計拍攝出現在電燈光下的銀幕上的畫面式綠野是不同的。這也就是說，在詩的創作中，直接以「生命」進入與以腦製作成知識化的「生命」進入，是不同的。而我特別重視前者，因爲詩人必須將他的生命，送進時鐘的磨坊，去收聽生命眞實的回音，去永遠同人與生命對話，來從事詩的創作。否則，詩與藝術將失去最後的最主要的存在意義；甚至形成有沒有詩都無所謂的念頭。很多詩人都是因此停筆的。

㈢詩語言新性能的探索

1.由於人類不斷生存在發展的過程中，感官與心感的活動，不能不順著這一秒的「現代感」，往下一秒的「現代感」移動，而有新的變化。這便自然地調度詩語言的「感應性能」到其適當的工作位置，呈現新態。否則，便難免產生陳舊感與疏離感。這可證之於年代越靠近三十年代的詩的語言，其疏離感之比例數便越大。

2. 詩人能切實把握詩語言新的性能與現代感，即是抓住詩語言「入場券」、靠近「現代人生存場景」的最前排優先的位置，較具有「貼近感」。在此舉個例子：

·「用咖啡匙調出生命的深度」
·「要知道下午　去問咖啡」
·「咖啡把你沖入最寂寞的下午」

顯然的，第一句是相當深刻，但其語言的形態與活動的空間，放在現代越來越偏向「行動化」的急速度生活環境中，似乎是不夠新與不太適切了，那像是六十年代詩語言的貨色；第二句是抓住現代人生存於焦急的行動性以及「問」與「答」的實態，迫近生活自然呈現的實況，語言的呼吸、氣息與節奏，也化入現代人生命活動的脈動與意態之中；第三句，則更直接地向現代生活的「核點」投射，尤其是動詞就採用沖咖啡的「沖」字，既可使語言的動感與動速同現代人生命與機械文明活動的外在環境之動感與動速相一致，又可同古詩「黃河之水天上來」緣發與直感性的詩貌相應對：一是表現古詩人對大自然的直觀情況；一是創造這代人新的生存意境。從上述的三句詩中，可看出詩的語言是一直在追索它的現代感、它新的機能，以便有效地表現一切存在（包括大自然與都市）的新貌；否則停滯在陳舊的狀態中，失去較佳的吸力，是可見的。

(四)詩語言活動空間的擴展與建構

當現代詩人從古詩人偏向一元性自然觀的直悟境界，進入現代偏向二元性與多元性的生存世界：從寧靜、和諧、單純的田園性生活形態，進入動亂緊張、複雜、焦急的都市型生存狀況，接受西方現代科技文明的衝激，以及物質繁榮的生活景觀之襲擊，所引發人類官能、情緒、心態與精神意識的活動，都是以大幅度、大容量與多向性在進行，古詩的形態與「境界模式」，是否能擔任得了現代人龐雜的生存場景與心像活動的新型「舞台」呢？所以我覺得可考慮採取其他藝術的性能來擴展與構架現代詩語言活動的新空間環境——譬如我十四年前便已採用後現代解構觀念在「曠野」詩中，曾企圖使用立體派多層面的組合觀點以及採取半抽象、抽象與超現實的技巧，與「電影中有電影」（就在詩中溶入一首可獨立又可息息相關的詩）多元表現的手法，使詩境內部在施以藝術性的設造過程中，獲得較具大規模與立體感的結構形態，有如大都市建築，所呈現層疊聳立的造型美與展示出多層面的景觀。這樣做，當然是一種偏向於藝術性的構想——試圖把詩的「體態」，進一步當做藝術的「體態」來營造。看來顯已有目前出現的後現代創作的解構形態，再就是在一九九二年寫的二百多行長詩「大峽谷奏鳴曲」更是一首採取多元組合的立體空間架構觀念，企圖跨時空跨國界跨文化與藝術流派框限，以世界觀與後現代解構觀念所寫成的詩。

的確，一個現代詩人能不斷注意與探索詩語言新的性能與其活動新的空間環境，他便是不斷的持有創造性的意念，這一意念，將使所有停留在舊語態中工作的「比」、「象徵」與「超現實」等技巧，必須有所改變與呈示新的工作能力。譬如你在海灘上看到男女穿著泳衣在陽光與海浪中相擁抱，寫出「只有這種抱摟，才能進入火的三圍」。這句詩，在表面上看，是用「比」，其實是溶入了「象徵」與「超現實」的質素而表現的，使詩語言更具行動化且快速地擊中現代人心感世界的著火點。相形之下，五十年代六十年代所用的語言技巧，在此刻看來，都難免吸力與動速不太夠了。因此我認爲做爲一個現代詩人，應有銳敏的「現代感」，去發覺詩語言所面臨的新環境及在創作上所發生的一切可能性，以便運用最確切的語言媒體與方法，展現出具有新創性的世界來。同時我認爲詩人與藝術家面對傳統所採取的態度，絕對的決定了他創作的生命：凡是躲在「傳統」裡不出來的或逃避現代生活現場的詩人，他絕領不到具前衛性的「創作卡」。現代詩人接受傳統是基於本質而非形態的。他最關心的是專一的站在此刻的「我」的位置，去面對整個世界與人類的生命，發出一己具「獨特性」與「驚異性」的聲音，而與永恆的世界有所呼應。他在詩中，不放「長安」與「長衫馬掛」等字眼，照樣可把古詩傳統的質素吸收進去。譬如當我們讀了「江流天地外，山色有無中」、「黃河之水天上來」，與讀了現代詩「你隨天空闊過去，帶遙遠入寧靜」、「咖啡把你沖入最寂寞的下午」，是否發覺它們之間也有某些相同的質素？甚至進一步看出現代詩人站在自己生存的新時空中，穿越「傳統」與「現代」，進入此刻全主動性的「我」的發言「位置」——也就是進入新創性的語言環境，使現代詩不但呈現出異於古詩人的心境，而且也呈現出詩語言同存在與變化的時空相互動所產生的新的形態與秩序感。誠然，一個具有創造力的現代詩人與藝術家應該是有魄力與勇於將「古、今、中、外」溶解入自己這一瞬間的絕對的「我」

之中，去重新主宰著一切的存在與活動，以新的形態出現，並使之同永恆的感覺發生關聯。完美與卓越的事物，最後總是開放給全人類共享的，也絕限制不了它的範圍。因此詩人與藝術家的創作理念，不能不持世界觀。

三、要成為一個真正乃至偉大的詩人

1.他除了有不凡的才華與智慧，以及對藝術盡責外，也應該是一個具有是非感、良知、良能與人道精神的人；如果做爲一個詩人，沒有正義感、鄉愿、顛倒是非。做人都有問題，還做什麼偉大的詩人。

2.他最了解自由，對世界懷有全然開放的心境，擁有遼闊的視野，守望著一切進入理想的世界，他除了關心人的苦難；更廣泛的工作，是在解決人類精神與內心的貧窮，賦給生命與一切事物，以豐富與完美的內容。

3.他不同於賣藝者與雜耍者，是因爲他向詩投資的，是藝術與生命雙方面的。也就是他必須寫出有偉大思想的詩，也同時寫出有詩的藝術思想的詩。前者是詩中具有確實感人的偉大思想；後者是詩中具有確實傑出非凡的藝術表現理念與思考力。若只有前者，將對藝術本身的生命有傷害；若只有後者，將便使詩變成一種高級耍巧的行爲，失去「生命」內涵力的淵博感與偉大感，詩便難免浮面化，甚至淪爲文字的賣藝者，同其他行業的賣藝者，沒有兩樣，而忘掉詩人是往心靈與生命深層世界去工作的藝術家。

4.他必須具有對詩始終執著與嚮往的宗教情懷，不能被勢利的現實擊敗，若被擊敗，詩心已死，詩人都做不成，還談什麼偉大的詩人。

【附註】

① 我所說的「美」，不只是快樂與好看悅目的一切。在詩與藝術的創作中，就是痛苦、寂寞、虛無、絕望、死亡、與悲劇的人生，也潛藏有美感。像詩人波特來爾表現「地獄」陰暗的悽「美」之光，詩人里爾克說「死亡是生命的成熟」，都含有「美」的存在。可見深一層的美，往往是靠深入的心去沉思默想的。

② 關於此處提到「第三自然」與「後現代」「世紀末」的相關互動話題，可參照我系列論文集中較詳的論談部份。

③ （NDB-NONE DIRECTION BEACON）是我在美國航空中心研習期間，看見的一種導航儀器，叫做「多向歸航台（NDB）」，飛機可在看得見、看不見的狀況下，從各種方向，準確地飛向機場。這情形，頗似詩人與藝術家以廣體的心靈與各種媒體以及高度的技術，將世界從各種方向，導入存在的眞位與核心，這便無形中形成我創作上「多向性」的詩觀。

貳、創作歷程

如果說寫詩，我在中學時代（空軍幼年學校六年制，等於高中），十六歲時，已開始在學校的壁報與校刊上發表過詩作。但那只是由於愛好貝多芬與莫札特充滿了力與美的古典音樂以及也讀一些古詩與翻譯過來的詩，加上我當時又做飛行員的夢……這些都無形中激發我內心對生命產生熱愛與美的顫動力，而自然潛伏著對詩與藝術的喜愛與嚮往。但我並沒有想會做什麼詩人，因爲我的未來是飛行。

至於我開始步上詩創作的路，那是在我進入空軍飛行官校，代表空軍打足球傷腿，離開空軍到民航局工作，於民國四十三年認識早已聞名詩壇的女詩人蓉子，在她詩情與愛情的雙重激勵下，才開始認眞的寫起詩來的。

我的第一首詩「加力布露斯」，於民國四十三年被紀弦先生以紅字發表於「現代詩」季刊封底，確引起詩壇的注目，曾有些詩友戲言：「羅門你第一炮就紅了」。後來連續在覃子豪先生主編的「藍星」詩刊上發表不少長短詩，接著在民國四十四年四月十四日星期四下午四時，與女詩人蓉子在禮拜堂結婚，覃子豪先生特在公論報副刊的「藍星詩週刊」上，以整版刊登他本人以及名詩人鍾鼎文、彭邦楨、李莎、謝菁等人的賀詩，並在婚禮上由詩人紀弦、彭邦楨與上官予等分別朗誦，紀弦先生並特別朗誦我的「加力布露斯」，確爲婚禮帶來不少詩的光彩。覃子豪先生更在婚禮專刊上，讚譽我們爲中國詩壇的勃朗寧夫婦，成爲佳話。直到現在。

這些慰藉與鼓勵在當時，加上蓉子婚後的溫情與彼此的互勉，我便在詩神的安排下，以無比的狂熱與浪漫的激情，不停的創作，並成爲藍星詩社的仝人，以及後來主編藍星詩刊、年刊，與自民國六十五年（一九七六）起，擔任藍星詩社社長，直至目前。

回憶四十三年（一九五四）我以第一首詩「加力布露斯」，步上詩壇。當時在詩中對生命、友情、愛情與理想的追求，寫著『加力布露斯！你的聲音就在風中嗎？你的視線是否在陽光裡……如果你回來時，我已雙目閉上，那時心會永遠死去，黑夜會在白晝裡延長，海洋也會久久的沈默，你知道歲月之翼，不能長久帶引我，在生命的冷冬，我會跌倒於無助之中……』以及在「啊！過去」詩中，對時間的感懷：『……你！過去，我心底往日的遊地……。在不同的追路上，昨日是你，明天是我，唯有時間的重量，才能把我推倒後，帶交給你，而那時，我是陷在長久無夢的沈睡之中，心是一無所感了……』；在「寂寞之光」詩中所流露的戀情：『……在無光的冬夜，我這裡通明溫馨，刻刻等你，我已熟悉你來時踏響我心的樓梯之音，如造訪的馬車的蹄聲，擊亮我深居的幽靜的庭園……』；在「海鎮之戀」詩中所表現的童時的憶念：『那海鎮，如南方巨人藍色寬邊帽上的一顆明亮的寶石，我童時的指尖，曾捕捉它的光輝……』……等這許多三十多年前想像力頗爲任放與感性頗具沖激性的語言，都可說是道道地地的偏於浪漫詩的抒情傾向；在當時，雖也偶爾寫出一些相當單純與清晰的意象詩，如「小提琴的四根弦」詩中，對人生歷程的刻劃所寫的：『童時，你的眼睛像蔚藍的天空；長大後，你的眼睛像一座花園；到了中年，你的眼睛像海洋多風浪；晚年來時，你的眼睛成了寂寞的家。』……。然而在整體上看來，那時期我詩的語言，很明顯的，是處在浪漫詩的階程。或許「加」詩中的「你的聲音就在風中嗎？你的視線是否在陽光裡」已多少含有超現實的意味與感覺。直至四十七年（一九五八），「曙光」詩集出版的那一年內，連獲藍星詩獎與中國詩聯會獎等兩項獎後，才算是結束了我浪漫時期的作品。

四十九年（一九六〇），完成了長達一百多行的「第九日的底流」，詩中對生命與時空所激發出的回音：『……常常驚異於走廊的拐角，如燈的風貌向夜，你鎮定我的視度……當綠色自樹頂跌碎，春天是一輛失速的滑車……當晚霞的流光，流不回午前的東方，我的眼睛便昏暗在最後的橫木上，聽車音走近，車音去遠……』。這些語言，顯已把「曙光」時期浪漫情思外射的紅色火焰，向內收斂，而冷凝與轉化成爲穩定與較深沉的藍色火焰。從此也開始走進抽象與象徵乃至含有超現實感覺等表現的路途上來了，當然，在另一方面，由於個人情思世界，隨著歲月而深廣，語言所經營的精神深廣度，便也不能不加強。尤其是當現代詩與現代繪畫，都正熱中於透過抽象過程，去深一層觸及內心的眞實。所以緊接著這首長詩之後，我五十年（一九六一）到菲律賓去訪問，寫了一首「麥堅利堡」，表現第二次世界大戰，死在太平洋中的七萬美軍的悲慘情景，因思想性的加強，語言的功能與活動的趨勢，便也加強。於是一種偏向於現代藝術表現主義的技巧，便自然的潛進「麥」詩中來。如詩中的『戰爭！坐在這裡哭誰，它的笑聲，曾使七萬個靈魂陷落在比睡眠還深的地帶；……太陽已冷，星月已冷，太平洋的浪，被炮火煮開也冷了……，血已把偉大的紀念沖洗了出來……，你們是不來也不去了……太平洋陰森的海底，是沒有門的……』。這首詩後來被國際UPLI詩組織譽爲近代的偉大之作，頒獲菲總統金牌，確對我創作帶來一些激勵作用，使我也大膽地將詩推入更深廣的精神層面。

此後，在「都市之死」一百多行的長詩中，對現代都市文明進行透視所做的批判：『人們用紙幣選購歲月的容貌……，在這裡腳步是不載運靈魂的……凡是眼睛都成爲藍空裡的鷹目……，人們在重疊的底片上，再也認不出自己……，沉船日，只有床與餐具是唯一飄在海上的浮木……，一具雕花的棺，裝滿了走動的死亡……』與在「死亡之塔」將近三百行的長詩中，對生命與死亡所發出的感慨：『你是一隻跌碎的錶，被時間永遠解雇了……，用右腳救起左腳，總有一隻腳，最後成爲碑，成爲曠野的標記……，當封在彈疤裡的久遠戰場，被斷臂人的尼龍衣裹住，我們即使是子彈，也認不出傷口……，當棺木鐵槌與長釘，擠入一個淒然的音響，天國朝下，一條斷繩在絕崖上……，鋸木聲叫著鳥，火焰叫著煙流，煙流叫醒域外，在域外，連歸雲都睡著了……』以及一些脫離了浪漫抒情時期的短詩：

．如「彈片．TRON的斷腿」詩中表現戰爭冷酷的一些詩句『一張飛來的明信片，叫十二歲的TRON沿著石級走，而神父步紅氈，子彈跑直線……，當鞦韆昇起時，一邊繩子斷了，整座藍天便斜入太陽的背面……』

·如「車禍」詩中表現都市文明冷漠面，寫的一些詩句『……他不走了，路反過來走他，城裡那尾好看的週末仍在走……』

·如「迷妳裙」詩中，表現現代都市生活銳利的官能反應與特殊的視覺經驗，寫的一些詩句：『裁紙刀般，刷的一聲，將夜裁成兩半……』

·如「流浪人」詩中，表現現代人被冷酷的時空與都市文明放逐中的孤寂與落寞感，寫的一些詩句：『被海整得好累的一條船在港裡，他用燈栓自己的影子，在咖啡桌的旁邊，那是他唯一隨身帶的動物，而拉蒙娜近得比什麼都遠……，他帶著隨身帶的影子，朝自己的鞋聲走去，一顆星也在很遠很遠裡，帶著天空在走……』等，都不難看出我自四十七年拋開浪漫詩風過後，是急速且不斷地向現代新的生存層面、新的心象活動世界，去探索與極力塑造那具有「現代感」、「現代精神意識」以及至為繁複、尖銳與具強大張力的意象語。我甚至相信強有力的意象語，是精神與思想的原子能，能在人類心靈中，產生無比的震撼力。

就因為這樣，在那時期，我繁複的意象語，便也像是油井一樣，不可抑制的到處冒開來，形成我個人詩語言特有的氣勢與形態。詩人兼詩評家陳慧樺教授，曾評我當時的詩時說：「讀羅門的詩，常常會被他繽紛的意象，以及那種深沉的披蓋力量所懾罩住……，不管在文字上、意象的構成上等等，羅門的詩，都是最具有個性的。他的詩，是一種龐沛的震撼人的力量，時時在為『美』工作，是一種新的形而上詩……」①；一位在政大任客座的美籍教授詩人高肯博士（W.H.Cohen）說：「羅門是一位具有驚人感受性與力量的詩人，他的意象燃燒且灼及人類的心靈，我被他詩中的力量所擊倒……」②詩評家蕭蕭在文章中說：「羅門的詩，有強大的震撼力，他差遣意象確有高人一等之處」③；於不久前，詩評家張漢良教授更進一步的說出：「羅門是臺灣極少數具有靈視的詩人之一，他寫反應現代社會現象的都市詩，是最具有代表性的詩人……」④。上面這些對我激勵的話，都可說是對我自四十七年（一九五八）之後全面地投入「現代型」的心象世界，去探索與創造那具有現代感與獨特性的詩的語言世界，所產生的迴響。的確在語言探索與創造的漫長的旅途上，面對著的挑戰與體認，是夠多且不斷地發生的，嚴肅而深具意義。

當我從「窗」詩中的「猛力一推，竟被反鎖在走不出去的透明裡」這一現代型悲劇所形成潛在性的自我意識之困境，衝出去之後，「東方」與「中國」，在我心靈深處所潛伏的和諧的一元性自然觀，於經過現代西方文明二元性的生存觀之強大沖激，所產生的變動與蛻化，確實使我有所頓悟與產生不凡的意義：㈠東方與西方的文化，在現代，已非孤立與相排拒的存在；而是彼此不能不相互地吸取彼此的精華，去面對全然開放性的無限創造的境域。事實上也是如此，國際上兩位被公認的西方大雕塑家布朗庫斯與亨尼摩爾，便是吸取了東方的和諧感與圓渾感；同樣的，我國當代在國際上享譽的趙無極與林壽宇兩位畫家，也都吸取了西方在創作上的新觀念。這足可證明人類具創造力的「腦」與「心」，是絕不會去拒絕世界上所有美好的事物的。於是我覺得我那句詩工作的位置，對我來說，是有啓示的。它既不是重複陶淵明「悠然見南山」的自然觀；也非受制於西方理知與機械文明所分解的思考世界，而是站在東西方二大文化在「現代」的沖激中，企圖抓住人存在於原本中的精神實態與實境。這種歸向「人本」的緣發性與靈悟性，仍應是偏向於東方文化探本朔源的範疇，但它畢竟是從「現代」的位置，以新的形態與意涵偏過去的，於詩的創作精神世界，應有創新的意義的。

㈡使我更有信心去面對與不斷發覺語言的新境域；而且確信語言的新境域，又將不斷更新詩表現技巧中的手法——諸如象徵與超現實以及直敘白描等在創作中產生變化與呈現新態。譬如上述「窗」詩中的那句詩，不就在藝術表現中，呈示不同古詩乃至以往新詩的超現實的表現嗎？就是在使用比的手法中，蘇東坡的「好風似水」，固然比得很好，但做爲一個現代詩人，在不同的時空中，對事物的觀察與思考，難免有不同的角度。於是當我在詩中寫「落葉是風的椅子」這樣的「比」時，是否因語言多加進了一個蒙太奇掃描的「動感」鏡頭，便也因此在工作中增加效果呢，可見詩人對語言與技巧的探索與運用，是順乎詩人的心象，在不同的生存處境中活動，而不斷有新的發現與創見的。

綜觀全集，不難看出我在語言探索與創造的旅程上所努力與探求的方向：

1. 我的「語路」一直與我的「心路」永遠並行——這也就是說我的語言是我的生命通過「現代」的時空位置，對人存在於「都市」與「大自然」兩大生存空間所遭遇到的「生死」、「戰爭」、「自我」、「性」與「永恆」等重大生命主題予以對話與沉思默想，所發出一己的獨特的聲音；同時也更企求這聲音，必須與人類存在的生命相呼應。

2.強調語言的「現代感」與個人獨特風格的建立——也就是說，我一方面在力求語言能進入現代官能與心態活動的新境與前衛的位置去工作；一方面更力求一己的語言在工作中的獨特性與新創性。

3.從「曙光」的浪漫抒情，到「第九日的底流」、「死亡之塔」、「隱形的椅子」、「曠野」、「日月的行蹤」、「停上呼吸在起跑線上」、「有一條永遠的路」、「與誰能買下那條天地線」……等詩集，偏向於現代人繁複的心象活動所做的象徵、超現實、投射與直敘的表現，以及近年來，不少詩中採取較平易與明朗（但仍強調其深度與密度）的語路……都大致可看出我語言的走向——是由早期想像任放與較淺明的直敘的語態（如上面列舉「曙光」時期的詩例）；轉變爲中期意象繁複繽紛複疊與較深入的悟知語態（如上面列舉「曙光」時期以後的詩例）；再就是後來大部份詩的語言，都盡力走上『有深度的平易性』、『穿過錯雜的直接性』與『透過繁複的單純性』等的語路。

如在「晨起」詩中的語句：「站在頂樓／一呼吸／花紅葉綠天藍山青……，此刻要是不飛／鳥那裡來的樣子」。

「茶意」詩中的語句：『……整個視野靜入那杯茶中，歲月睡在那裡，血淚也睡在那裡，……沉在杯底的茶葉，全都醒成彈片，如果那是片片花開，春該回，家園也該在……』。

「賣花盆的老人」詩中的語句：『他推著一車歲月，擺在巷口賣，坐在盆外，他也是一隻空了卅多年的老花盆，直望著家鄉的花與土……』。

「日月的行蹤」詩中的語句：『獨坐高樓看雲山，山看你是雲，雲看你是山。山坐下來，連著地；雲遊起來，伴著天！』。

「海邊遊」詩中的語句：『……涉水時，雙腳是入海的江河，嘩然一聲藍，雙目已飛起海天的雙翅……。歸帆把黃昏運回岸邊，拋下一束沉寂，只有東南西北站在那裡偷看……』。

在「車上」詩中的語句：『張目是風景，閉目是往事，一回首，車已離地去，身在雲裡，夢在雲外……凝望溶入山水，山水化爲煙雲，煙雲便不能不了，事情總是這樣了的』。

在「摩托車」詩中的語句：『一條揮過來的皮鞭，狠狠的鞭在都市撒野的腿上……』。

在「溪頭遊」詩中的語句：『山在雲中走，雲在山裡遊，你是山，也是雲。雲遊，千山動；雲靜，山已睡了千年……。林鳥穿過千樹，碰碎滿山的青翠，滴滴落入泉聲，是誰在彈古箏』。

在「觀海」詩中的語句：『飲盡一條條江河，你醉成滿天風浪；浪是花瓣，大地能不繽紛；浪是翅膀，天空能不飛翔，浪波動起伏，群山能不心跳……』

在「曠野」詩中的語句：『你隨天空闊過去，帶遙望入寧靜……，鳥帶天空，飛向水平線；人帶護照，逃往邊界；你帶煙雲，返回原來……」

在「漂水花」詩中的語句：「我們蹲下來，天空與山也蹲下來」。

從這些抽樣性例舉的語句中，可看出我目前語言的走向，的確是除了強調語言的現代感與新意：便是往較明朗、直接與單純但堅持精神深度與質感的方向發展，如前幾年寫的「傘」中，更是企求語言以「平易」、「自如」的「直敘」形態與勢能，進入詩中非常具有「現代感」與「行動化」的四個實視空間去工作。這四個實視空間，便是相關連、緊緊扣在一起發展的——「現實中的實視空間」、「記憶中的實視空間」、「超現實中的實視空間」與「禪悟中的實視空間」，茲將「傘」詩列舉於後：

他靠著公寓的窗口
看雨中的傘
走成一個個
孤獨的世界
想起一大群人
每天從人潮滾滾的
　公車與地下道
裹住自己躲回家
　把門關上

現實的

記憶的

忽然間
公寓裡所有的住屋
全都往雨裡跑
直喊自己
也是傘
（超現實的）

他愕然站住
把自己緊緊握成傘把
而只有天空是傘
雨在傘裡落
傘外無雨
（禪悟的）

這首詩，很明顯是運用白描直敘、以及生活口語化與行動性的語言，所構成一潛藏在語言滑動平面下的立體空間，以表現出現代人生活在現代都市與內心深處至爲嚴重的孤寂感。可見我是想把過去緊密的意象語，鬆開來，再度以看不見但較前更大的內壓力，緊緊抓住對象的要害。

從上面一連串闡述我詩語言在發展過程中，所遭遇、面對與呈現的，大致可看出我除了強調「現代感」（因「現代感」含有創作的三大卓越性——「創新性」、「前衛性」與「震撼性」）外，也注意到吸取古詩有機的質素與精華，尤其是它的精純感與緣發的直敘性，如：「克勞酸喝得你好累」、「刷的一聲，把夜裁成兩半（迷妳裙）」、「張目是風景，閉目是往事」、「猛力一推，竟被反鎖在走不出去的透明裡」、「逃是鏡中的你」、「鳥不在翅膀上，天空的上面是什麼呢？」、「雲帶著海散步」、「往事把車窗磨成一片朦朧」、「窗是飛在風景中的鳥」、「蹄落處，花滿地；蹄揚起，星滿天。」、「浪來天更高、浪去天更遠」、「海握著浪刀，把山越雕越高，把水平線越雕越細」、「涉水時，雙腳是入海的江河」……等都可說是已多少吸收了古詩的某些精華，並以開放的心境接受西方現代藝術思潮的影響，而全然轉化到具有我個人特殊風貌的創作世界中來，這也是我一直堅持的創作觀點，那就是：『做爲一個現代中國詩人與作家，他首先必須是中國人，同時必須是現代的中國人，也必須是關心到全人類的現代中國人，最後更必須是他不斷超越中的獨特的自己。』

此外，我想順便說的，是在我的詩選集中，有兩首詩是以詩來寫詩論的詩：「門與世界與我的奇妙連線」一詩，是寫論詩的奇妙的想像力；「山的世界」一詩是寫構成詩世界中的「意象」、「語言」與「結構」等三大主要支柱。至於「古典的悲情故事」、「後現代A管道」、「在後現代都市裡各玩各的」、「世紀末病在都市裡」以及「長在後現代背後的一顆黑痣」等詩，那是針對後現代目前的生存環境與藝文空間普遍產生的盲點，而以後現代詩的創作意識與形態，批評在泛價值觀與泛方向感裡已形失控、飄忽搖擺的後現代現象。並且在「有一條永遠的路」那首詩中，堅信人類創造的智慧，仍是帶有歷史感與深層的價值意義，永遠走在「前進中的永恆」的途徑上，繼續對人類在目前所呈現的後現代思想，尤其是後現代創作思想可能或已經偏向於「存在與變化」的低層次「消費文化思想」性格，提出警示與防範。因爲「前進中的永恆」，既可包容「存在與變化」，又可將之提昇入思想高層次的具有持續性（就永恆性）的存在與活動的境域，同思想家湯恩比的進入宇宙之中之後之外的無限眞實存在的精神世界有通連與交會。因此可見後現代以及未來的後現代的後現代，在「前進中的永恆」的詩創作無限地存在下去的精神思想的途徑上，都只是許多階段性的過程；而只有能確實通過階段性的過程，進入「前進中的永恆」的境域，方是一個詩人與藝術家以高度智慧從事人類精神文明事業的終極企求與目標。

最後，我想在此特別感謝文史哲出版社彭正雄先生，在嚴肅文學趨向極度低潮的時刻出版我創作的系列書。他付出的心力與這股盛情，我除了感激，更對他偏重文化不以營利爲主、從事出版事業所表現文化人的高度素養與品格表以敬佩。當然更使我終生難於忘懷的是女詩人蓉子，他四十年來相處，給於我生活中的慰勉與諧和以及安定感，使我能專一的投入詩與藝術的創作世界。如果我的努力確實獲得某些理想的成就，則我對蓉子的感謝，便多出了一種感恩的心情。

附語

在詩創作世界藝術表現的馬戲團裡，有各項表現。

(1)有人抱著感情，又歌又唱，又跳又舞，以綜藝的普通演技與格調，娛樂觀衆。

(2)有人以遊戲方式，玩耍撲克牌，手法明快靈巧，過程也精彩美妙，可說是十足的耍巧，如果比做拉小提琴，技巧到家，但弓只拉在提琴的弦線上，沒有拉心靈中的琴線。

(3)有人耍魔術，或把躺著的人，以遮眼法浮昇到空中，眞是魔幻般，使觀衆又迷又信又幻，稱好叫絕。但過後大家都猜疑甚至確定它不是眞的。或把人裝在箱裡，用鋸將箱子上下左右的猛鋸，最後人仍活著出來。過程雖然步步驚魂，但終是一場「製作」的虛驚。這兩種耍法，設計構想、手法都相當高明，令人嘆爲觀止，然而「藝術」的生命與「人」的生命，並沒有眞的接觸，再耍下去，還可加進科幻，增加效果。

(4)有人揮著鞭舞獅弄虎，在可見且帶驚險的現實距離裡。人與獸的對決，於技巧進行的過程中，是有驚心動魄的「眞」的生命介入的，其中也含有較高的代價與保險性，給觀衆在「技巧」之外，自然多出一層對人與生命的眞實關懷。唯一不夠理想，是與事實（現實）的距離過近。

(5)有人爬上「形而上」的高空，將眞的「生命」與「技巧」溶爲一體表現「高空飛人」。

過程中秒秒的「驚視」，始終是跟著活的「生命」起伏的。更有人進一步，走在懸在生與死兩崖間的高索上，上是高高的天空，下是死亡的深谷，周圍寂靜無聲，觀衆屏息呼吸在看，但看不見「花巧」的技巧，只看見驚目驚心的走索人，步步驚魂的走在他不能沒有的更高強的「技巧」中。而技巧雖也令人注目，但在注目中，更令人感動與震驚的，是帶著「技巧」一起走的走索「人」。如果將「電動玩具人」換掉肉體人在高索上走，情況便立即變化，絕引不起這樣強大的震撼效果，至多只產生(2)與(3)項「把玩」的一些驚奇。

在上述的五項藝術表現裡，我所選擇的，比較傾向於第(4)與第(5)兩項，於採取接近現實層面作業情況時，偏用第四項；於採取超越現實的「形而上」作業時，則用第五項。均因爲我說過：「離開人的一切，若不是尚未誕生，便是已經死亡……我寫詩，不只是爲創造一些美的形式與方法，更是企求人與自我的生命，也必須在那美的形式與方法裡邊」。因此，我向詩創作世界投資的是「生命」與「藝術」雙方面的。；既不是單向走「爲藝術而藝術」的路，也非單向走「文以載道」的路；而是將「藝術」與「存在的一切生命」，送入我受詩眼監視的「第三自然」世界，去溶合成「美」的生命思想與美的精神境界，所呈現出詩的藝術作品。我之所以採取這樣的看法，是因爲如果詩只是爲藝術而藝術，只屬於一種高級的文字技巧與遊戲，那同打球、下棋與耍魔術的有什麼不同呢？如果詩只是偏重「文以載道」，排拒詩高度的藝術性，那大可去寫道德經、方塊專欄以及散文乃至其他文章，何必寫詩？

至於我將四十年來的詩作，構想彙編成這一系列的詩集，同上述強調詩必須對「人」與

「生命」存在，做深入的探索與沉思默想的觀念，是至爲相關的，因爲人做爲詩人之前，他必須也是一個通過時空、接受人所面臨存在中的「戰爭」、「都市文明」、「自然觀」、「自我、時空、死亡」以及情愛與其他事物……等重大思想主題不斷挑戰的人，便也難免對這些不同的重大思想主題，分別在詩中進行著不同的對話與發出不同的聲音。並自然形成各個不同的思想活動區，而也自然帶來我構想出這一以詩爲主的系列書的適當理由與動機。

【附　註】

① 見一九七一年「藍星年刊」陳慧樺教授寫「論羅門的技巧一文」。

② 見一九七一年「藍星年刊」一〇七頁錄用高肯教授的評語。

③ 見詩評家蕭蕭在一九八〇年故鄉出版社出版的「中國白話詩選」中寫的「心靈的追索者——羅門」一文。

④ 見一九八七年五月一日出版的「中外文學」雜誌，張漢良教授寫的「分析羅門的一首都市詩」。

前　言

做為一個最了解自由與期求拿到「上帝」發給通行證與信用卡的詩人與藝術家，便不能不領悟人基本上是一直活在「大自然」龐大的生命結構中，而且嚮往「大自然」天空與原野的廣闊；風、雲、鳥的自由。可見「大自然」是以何等巨大且永恆的力量，於潛在中，主控著人類生命活動的無限情境。即使人類圖以高度的思想與智慧，改造「大自然」甚至妄想征服「大自然」，但終究擺脫不了、而仍一直依靠著永恆的「大自然」而存在。

因而「大自然」，構成我創作上一個重大的思想主題，是當然也是必然的，即使我被現代科技文明從大自然的田園，推入人為的第二自然——「都市」裡來，但我也常帶著「都市」回到「大自然」那裡去，同「大自然」一再有見談的時候，那只不過是和未住過現代「大都市」的詩人（包括古代與現代的）同大自然來往的心情與意態，有新的變化與不同。但這也是說明我的「自然詩」系列，透過第二自然——「都市」的交會後，便在詩創作中，對大自然表現出新的體悟與新的存在觀。

於此，可舉出一些例證：

有一次，我坐飛機，飛在雲上三萬多呎高的上空，雲上，只是那無限的「藍色」與純粹的「透明」，像是宇宙的藍色水晶大廈；雲下，此刻，也好像只剩下煙囪、砲管與十字架；或者尚有一座座都市，在「包浩斯」的眼睛中，像「裝置藝術」中的玩具車，被時間與速度牽著跑。從機窗裏望出去，沒有山，沒有水，季節凍結在等溫的同溫層裏，那無限的藍色世界；那千變萬化的雲山雲海；那逼迫我「雙目」必須「跪」下來看的無比壯麗與奧秘的宇宙景觀，心裏也自然湧出下列的那些詩句。

「千山萬水
　　何處去」
「千飛萬翔
　　翼在那」
……
「在沒有終點站的渾沌裡
　問時間　春夏秋冬都在睡
　問空間　東南西北都不在
　太空船能運回多少天空
　　　　　　多少渺茫」

（摘錄「飛在雲上三萬呎高空」詩中的部份詩句）

從上述的詩行裏，我深深地體驗與發現到詩中所展現的美感經驗與心靈空間（境界），顯然是與古代詩人同中有異的。「同」是彼此企圖由詩中進入人與自然相渾和存在的靈悟狀態；「異」是古代詩人進去，是從不受現代文明影響下的「第一自然（田園）」，直接進去的；而我身為現代詩人是必須經由「第一自然」穿越由科技製作的「第二自然（都市）」過後，再轉進去的。這中間的心況與心境不會完全相同！因為古代詩人，沒有坐過飛機，站在兩度平面空間的『地面』上觀看一切，仍有山有水，有花有鳥，以及有春、夏、秋、冬的時間觀念。所以柳宗元的「獨釣寒江雪，」仍是從「江」與「雪」轉化與昇華進入靈悟中的荒寒之境的。陶淵明的「悠然見南山」仍是由「採菊東籬下」有「菊」有「東籬」的地面實景，升越起來的；王維的「山色有無中」也是由「江流天地外」有「江」有「地」的實境超越出去，進入無限的悟境的。而我是被飛機送入超離地面的三萬多呎高空，在無山無水與等溫的空茫世界中，在古詩人所沒有的這種美感經驗與特殊的存在情境中，去企圖表現那具有「實際的立體空間感」，且有異於古詩人的靈悟的詩境。這也就是說，如果在「問時間／春夏秋冬都在睡／問空間／東南西北都不在……／太空船能運回多少天空／多少渺茫」等詩句，對宇宙萬物存在所產生的靈悟情境中，也呈露有「圓渾」感。則這「圓渾」感中的「圓」形，是有西方科學性的「立體空間架構」包容在其中的；而王維詩中的「山色有無中」與陶淵明詩中的「悠然見南山」，其詩境所呈現圓渾感中的圓形，只是在純然中「昇華」的圓，並沒有納入西方科學性思維的實際立體空間感；也沒有接受現代科技文明沖激的影跡。

這種相異性的提出，只是說明現代詩人站在不同於古詩人的年代與時空處境裏，也是在盡心盡力面對大自然去探索與建立新的創作意念與境域，並在與古詩人同中有異的情景下，向前推展具現代感與前衛性的創作力；以表現現代詩人新的美感經驗與心象活動的實況！

如古詩人寫「黃河之水天上來」

現代詩人寫「咖啡把你沖入最寂寞的下午」

古詩人寫「好風似水　明月如霜」
現代詩人寫「風是樹林的鏡子
　　　　　　落葉是風的椅子」
　　　　　　「水平線是宇宙的一根弦」
古詩人寫「月湧大江流」「江入大荒流」
現代詩人寫「你隨天空寬過去
　　　　　帶遙遠入寧靜」
（摘「曠野」詩句）
古詩人寫：「相思黃葉落」
現代詩人寫「一呼吸
　　　　　　花紅葉綠
　　　　　　天藍山青」
古代詩人寫「野渡無人舟自橫」
現代詩人寫「雲帶著海散步」
古代詩人寫「行到水窮處
　　　　　　坐看雲起時」
現代詩人寫「海握著浪刀
　　　　　　一路雕過去
　　　　　　把水平線越雕越細」
古代詩人寫「悠然見南山」「山色有無中」
現代詩人寫「猛力一推
　　　　　　竟被反鎖在走不出去的
　　　　　　　　　　　透明裏」
（摘錄「窗」詩中句子）

看過上述古詩人站在「第一自然層面」與現代詩人站在「第一與第二相交合的自然層面」所寫的詩句，於相對照下，我們相信現代詩人處在自己特殊的年代與環境中，是有其創作上新的思考世界，新的想像空間，新的美感經驗以及新的藝術技巧與新的語言活動境域，去繼續以大自然為主題，表現與古詩同中有異的美學形態與新的創作精神內涵世界。

一九九四年十二月

海

只有讓鋼琴聲走到深夜裏去
我才能走入你藍色的幽遠

那透明的空濶
已忘形成風
水平線是最後的一

根 弦

用整座天空去碰也碰不出聲來
整個寂靜在那一握裏
伸開來　江河便沿掌紋而流
　　滿目都是水聲
山連著山走來　走來你的形體
翅膀疊著翅膀飛去　飛成你的遙遠
在遠方　那顆種子已走成樹林的秩序
那滴水　不也是種子
　　已走成你
　　　走成你的波動
　　　　你翅的層次
誰說飛不是天空
　天空不是坐在你的鞦韆架上

輕得像那朵雲
飄浮時　做夢也下不來
起伏時　便有一根繩纜在流血的掌心裏
像葉脈死死拉住那棵樹
航入千帆
帆是你頂向風雨的臉
有時柔得像舌
舐入水天的兩片唇
遠　方　便　展　開　成　花　瓣

想起種星
　種月
　　種雲
種鳥
種風
種浪
竟種出那麼多乳房
難怪太陽用力一吻
　便吻成那片藍色的墳園
當黃昏踩著落帆走來
你便在最後的一張網中離去

一九七三年

觀海

飲盡一條條江河
你醉成滿天風浪
浪是花瓣　大地能不繽紛
浪是翅膀　天空能不飛翔
浪波動起伏　群山能不心跳
浪來浪去　浪去浪來
你吞進一顆顆落日
　吐出朵朵旭陽

總是發光的明天
總是弦音琴聲迴響的遠方
千里江河是你的手
握山頂的雪林野的花而來

帶來一路的風景
其中最美最耐看的
到後來都不是風景
而是開在你額上
　那朵永不凋的空寂

聽不見的　都已聽見
看不見的　都已看見
到不了的　都已進來
你就這樣成為那種
　無限的壯闊與圓滿
　　滿滿的陽光
　　滿滿的月色
　　滿滿的浪聲
　　滿滿的帆影

究竟那條水平線

·51· 觀海

能攔你在何處
壓抑不了那激動時
你總是狂風暴雨
千波萬浪
把山崖上的巨石　一塊塊擊開
放出那些被禁錮的陽光與河流
其實你遇上什麼
都放開手順它
任以那一種樣子　靜靜躺下不管
你仍是那悠悠而流的忘川
浮風平浪靜花開鳥鳴的三月而去
去無蹤
來去無蹤

既然來處也是去處
去處也是來處
那麼去與不去

你都在不停的走
從水平線裏走出去
從水平線外走回來
你美麗的側身
　已分不出是閃現的晨曦
　　還是斜過去的夕陽
任日月問過來問過去
你那張浮在波光與煙雨中的臉
一直是刻不上字的鐘面
　　能記起什麼來
如果真的有什麼來過
風浪都把它留在岩壁上
　留成歲月最初的樣子
　　時間最初的樣子
蒼茫若能探視出一切的初貌
那純粹的擺動

那永不休止的澎湃
它便是鐘錶的心
　　時空的心
也是你的心
　　你收藏日月風雨江河的心
　　你填滿千萬座深淵的心
　　你被冰與火焚燒藍透了的心
任霧色夜色一層層塗過來
任太陽將所有的油彩倒下來
任滿天烽火猛然的掃過來
任炮管把血漿不停的灌下來
　　都更變不了你那藍色的頑強
　　　　　　　　　　藍色的深沉
　　　　　　　　　　藍色的凝望
即使望到那縷煙被遠方
　　　　　　　　拉斷了

所有流落的眼睛
　都望回那條水平線上
仍望不出你那隻獨目
　在望著那一種鄉愁
仍看不出你那隻獨輪
　究竟已到了那裏
從漫長的白晝
　到茫茫的昏暮
若能凱旋回來
　便伴著月歸
星夜是你的冠冕
眾星繞冠轉
那高無比的壯麗與輝煌
使燈火煙火炮火亮到半空
　　　　都轉了回來
而你一直攀登到光的峰頂
將自己高舉成次日的黎明

讓所有的門窗都開向你
天空都自由向你
大地都遼濶向你
河都流向你
鳥都飛向你
花都芬芳向你
果都甜美向你
風景都看向你
無論你坐成山
或躺成原野
走動成江河
無論你是醒是睡

只要那朵雲浮過來
你便飄得比永恆還遠

註：詩中的「海」已成爲對人類內在生命超越存在的觀點。尤其是海的壯闊與深沉的生命潛

能，海的永恆的造型與海的心，對於那些以不凡智慧才華與超越心靈去接受生命與時空的挑戰、去創造不朽存在的詩人與藝術家們，更是有所呼應與共鳴的。

同時我認爲一個現代作家除了追逐外在的動變，更應感知那穿越到「動變」之中去的莫名的恆定力，是來自宇宙與大自然整體生命的穩定的結構與本然的基型之中。唯有如此才能使創作的智慧產生一種含有「信仰性」的較深遠的嚮往與感動。

一九七八年

●觀海人的話：

我寫「觀海」是因爲：

(1)海能包容人生的各種境界。

(2)海的額頭最好看，看久了，會看到羅素與愛恩斯坦的額頭。

(3)海的眼睛最耐看，我們的眼睛，看了一百年，都要閉上。而海的獨目望了千萬年，仍一直開著，可看見全人類的鄉愁；時空的鄉愁；上帝的鄉愁。

(4)海最了解詩人與藝術家的心；雲帶著海散步時，可看見中國的老莊；海浪沖激岩壁時，可看見西方的貝多芬，用「英雄」與「命運」交響樂，衝破一切阻力。

(5)海用天地線牽著萬物出來，牽著萬物回去，一直沒有停過。

——羅門——

山

只有讓眼睛走到凝視裏去
我才能走進你黛綠色的吟哦
　　低處是水
　　高處是樹

雲與海遠去
你獨自留下
留滿頭的天空
　滿腳的荒野
讓千年風雨纏住那棵古松
盤那張鷹翅入萬里的蒼茫
你的那朵高昂　一落入水平線
　　　　　　便是一個遠方

而那串溫婉與連綿　一睡進去
　　便是一個夜深過一個夜

夜是你的門
　你的窗
　　你的燈屋
　　　你的睡目　你的摒棄一切看見過後的看見
太陽已睡成岩層
河流已睡成根脈
鳥聲已睡成金屬

天空與原野已睡成大理石的斑斕
誰能醒你　除了眼睛在凝視中永不回來
除了那縷煙已被眼睛拉斷成繩子
而去與不去　你都是永遠

一九七三年

山的世界

一 山的意象

盤住整個大地
它旋昇到最高的頂點
　把太陽握成冰
那透明的晶體
竟是一顆火石
天空又那麼敏感
一擊就亮
誰要光彩
便給誰
其實　那也只是一些水吧

而江河與海卻都住在裏邊
要不是谷底那滴泉聲
　　說了出來
　誰也不知道

註：「意象」世界，是詩人心靈的原子爐，能使不相容的冷熱、剛柔、動靜相溶合，全面運作，而放射出知性與感性生命的巨大的潛能。這件事，就讓山去說吧！

二　山的語言

它幽美的線條
一直被海浪
　高談濶論
畫得不像
　又塗掉
它從不說什麼
只美在自己的韻律裏

風雲鳥
也畫過它
但筆觸太輕飄
　都留不下來
倒是它簡單的一筆
　　又剛又柔的
把風的飄逸
　雲的悠遊
　鳥的飛翔
全都畫在那裏

註：當康丁斯基以及海浪與風雲鳥都無法把語言充滿了繪畫性與音樂性的線條畫出來，這件事又只好讓山來說了。

三

以塔的造型
　凸現

上去　是圓渾的天
下來　是圓潤的地
屹立不動時
所有的石面
都抓牢水平
要向前走
排排的樹景
一路跟著鳥飛
飛就飛吧
塔的每一層
都是凌空的鷹翅
最後與天地迴旋一次
不就旋進了大自然
　原本的結構

註：當整個空間空了出來，要你在詩中將世界架造在永久不垮的結構裏，你會不會一想就想

到山呢？它以穩固的「垂直」與「水平」抓住時空的重心，在沉靜中守住一切存在的秩序與動向。

後記：主編張漢良教授要我寫一首詩來論詩，眞是一項很絕的構想。過去在文章中，我對詩的看法是這樣的：『詩絕非第一層次現實的複寫，而是將之透過聯想力，導入潛在的經驗世界，予以觀照、交感與轉化爲內心中第二層次的現實，使其獲得更爲富足與局限的內涵，而存在於更爲龐大且永恆與完美的結構與形態之中；也就是我一再強調的：詩人與藝術家創筈了人類存在的第三自然。』現在以詩來論詩，我只能從詩的最主要的三個部份——「意象」、「語言」與「結構」，寫成三節詩來談。以「山的世界」爲題。寫成後禁不住要問：

(1)「山的世界」也就象徵著詩的世界嗎？

(2)「山的意象」也就暗示著詩的意象嗎？

(3)「山的語言」也就意味著詩的語言嗎？

(4)「山的結構」也就呈現著詩的結構嗎？

一九八二年

河

只有回到第一聲泉音中
　才能認出你的初貌
順著眼波而去
你音樂的身段
是一條原始的歌
　唱高了山
　唱深了林
　唱遠了鳥的翅膀
直到那朵溫柔的雲
　被天空揉了又揉
　　揉出了水聲

你才在那陣衝擊中
認識到自己的身體

美麗的S　是把鋸也好
　　螺絲刀也好
那些痛快的紋路　一扭動
便飄響成拋物線　被空中的鳥接住
整個曠野都驚顫在那迴旋的
　　弦音中

凡是坡度　都長滿了韻律
凡是彎處　都敏感
　　　　都很滑
　　都多漩渦
　　都救不出千山萬水
除了大地　誰能讓你那樣去

除了海底　誰知道你來
除了那條水平線　誰看見你已來過

註：此詩完成後，忽然間有點感觸；乾脆說它是一種覺醒；佛洛依德認爲人的潛在意識活動偏於性慾，遂影響不少現代作家偏於表現性慾的形而下性；容格則反之，認爲人的潛在意識活動較偏於性靈，遂影響有些現代作家偏於表現性慾的形而上性。此詩好像是在無意中涵蓋了兩者的景觀，以一條幹線串連兩者成爲交映的世界，使人類內在形而上與形而下的活動，透過藝術的過程，轉化與溶合而不相剋地存在於一個較完妥的美的整體內。

一九七三年

曠野

——以原本的遼濶，守望到最後，凡是完美的，都將被它望入永性。

一

把柔靜給雲
把躍動給劇奔的蹄聲
你隨天空濶過去
　帶遙遠入寧靜
地球不停的轉
把最絢爛的那一面給你
使你成為那張最美的海報
　展示著春夏秋冬的演出
是河便自己去流

是湖便自己停下來
是風景便自己去明麗
是晝夜便自己去明暗
時間不在鐘錶裏
天空不在鳥籠中
你遼潤的胸部
　放在太陽的石磨下
　　磨出光的回聲
　　　花的香味
　　　果的甜味

二

當第一根樁打下來
世界便順著你的裂痕
　在紊亂的方向裏逃
風裏有各種旗的投影

雨裏有各種流彈的投影
河裏有各種血的投影
湖裏有各種傷口的投影
山峰有各種墳的投影
樹林有各種鐵絲網的投影
峭壁有各種圍牆的投影
鳥帶著天空　逃向水平線
人帶著護照　逃往邊界
你帶著煙雲　回到原來
讓所有的槍與箭　埋在血堆裏
　　長成各種盆景
　　美在歷史的臺階上
你把四季的風景　送入上帝的花園

三

高樓大廈圍攏來
　迫天空躲成天花板

迫你從印刷機上
　縮影成那塊窗簾布
　　仍開花給窗看

一隻盲鹿在畫框裏
盯望著四面牆
視線穿壁而出
洋灰道上　不見羊
馬路上　不見馬
摩托車急成一根快鞭
鞭著衆獸在嘶鳴中奔動

綠燈是無際的草原
紅燈是停在水平線上的
　　　　落日
想奔　河流都在蓄水池裏
想飛　有翅的都在菜市場

喘息於油門與煞車之間
克勞酸喝得你好累
咖啡把你沖入最疲憊的下午
你的孤寂堆放在午夜的停車場裡
當明天被早班公車司機一腳踩出油門
　　　　　　　是你忙著找路
　　　　　　　　還是路忙著找你

在廣告牌圍觀的場景裏
眼睛是一部切肉機
　把你的千山萬水
　　切片入建築物的層次
　　　　　櫥窗的秩序
　　　　都標上了價
如果口袋裏的鈔票是你的雲
沿腰而下　便是你的河
沿乳峰而上　便是你的山

於上上下下之間
你便循環成那座電梯
在封閉式的天空與限定的高度裏
　　　　鳥只有一種飛法
　　　　　一種叫聲

床濃縮了你全部的空濶
餐具佔據了你所有的動作
當排水溝與垃圾車在低處走
　腦袋與廣告汽球在高處飛
你是被掀開的一張
被毛筆鋼筆寫著新的「大同篇」

　　　　　高樓與山同坐
　　　　　街道與河同流
　　　　　煙塵與雲同飄
　　　　　鬧市與海同盪
　　　　　眼睛與波浪同形

櫥窗與風景同貌
餐廳與田園同宗
旅館與荒野同族
男人與太陽同姓
女人與月亮同名
床被與四季同睡
唇瓣與花瓣同開
酒液與露水同漾
孕婦與黎明同光
焚屍爐與夜同暗
廣場與天空同行
鐘錶與地球同轉

四

廟選中了山的清高
十字架對正了天堂的座標
你把空茫磨亮成一面鏡

望著光開始流動的地方
泉水開始湧現的地方
花開始開的地方
鳥開始飛的地方
讓所有的路都能看見起點
所有的聲音都歸入你的沉寂

那縷煙
已把你的廣漠全告訴了遠方
把你的粗獷飄給最原始的溫柔
是風雨便同著方向走去
是日月便對著面走來
時序與季節緩緩換位
你總是站在水平線上
收容著一排又一排的遙望

一九七九年

樹·鳥二重唱

一

遼濶裸成你的雙目　兩條河
　便直奔回第一滴水聲
　　叫住我
　　　也叫住原始

凡是直立的　都由樹開始
凡是飛翔的　都由鳥開始
鳥飛過一棵一棵的樹
　由緊密而幽深而冷
　　便抱住整座森林
樹飛起一隻一隻的鳥

由寬濶而渾圓而茫
便抱住整個天空

樹一路抱住森林回去
累了 便躺在金黃色的葉堆上
鳥一路抱住天空回去
累了 便睡在雲堆裏

二

鳥睡去
天空以雲彩釀造她的春日
樹睡去
森林等待金屬的奔流
破山而出
樹醒來
又高高站起

以圓錐形向上伸展
以浪與漣漪的層次向四周波及
直到延伸的枝葉
　　盤住全部空濶
直到雲深不知處
那隻鳥便在一聲驚叫中醒來
飛起滿目山水
將天空又渲染一次
　　又美麗一次

四

天空死抱住鳥不放
森林死抱住樹不放
要放　便使雙手忘於河川
　　　　掌紋忘於海
　　　　腳印忘於月
　　　　雙目忘於星夜

要放　便放江流到天地外
　　放山色到有無中

五

從黑色之深
到白色之潤
從森林之幽
到天空之茫
樹是被太陽從老遠老遠射來的
　　　　　　　一枝標槍
　　　　　　著地而立
竟是一支高出仰望的旗桿
鳥將天空飛成一面壯麗的旗
　　　　　　隨風飄盪

註：此詩寫成，於幾年之後，看到西班牙畫家，烏爾古落（EDUARDO URCULO）在版畫家畫廊展出一系列以女性爲大自然景觀核心的作品，至爲驚喜，那是一種不約而同的緣自藝術與生命的永恒的呼應與共鳴。

一九七六年

飛在雲上三萬呎高空

讀詩看畫

世界只留下
最後一塊版面
給日月星辰排用
其他的都暗入雲山

即使煙囪與砲管
在雲下排著一行行
　生活必讀的詩
但拿到雲上來看
都得化為那無限的遙望

望到無邊的廣闊
只剩下透明
世界便留下
最後一個畫廊
　給自己用
其他的都埋入雲山
誰曾在此畫過
　展過
而一幅幅不能畫的畫
都氣勢逼人的
　自己跑來
逼使我雙目
跪下來看
千山萬水
　何處去
千飛萬翔

　翅在那
問筆
問墨
都説大自然在畫框裏
瘦如走不出去的盆景

而太空船又能運回
　多少天空
　多少渺茫

在沒有終點站的渾沌裏
問時間　春夏秋冬都在睡
問空間　東南西北都不在
整個世界空在那裏
如果還要畫
誰的眼睛能是調色盤
誰的視線能是揮灑的線條

宇宙看看我
我看看宇宙
不畫
全是畫

註：飛在雲上三萬呎高空，看到宇宙與大自然龐大無比與永恆存在的景觀，深深體認到人的能力，於面對「無限」時，仍是有限的。難怪人有時要向「上帝」祈求與禱告；有些畫家與藝術家會產生Anti-Painting與Anti-Art的念頭。

一九八六年一月

一個美麗的形而上

飛離地面
飛越雲層
一個美麗的形而上
便到了三萬呎高空
飛機已是一座真的
　空中樓閣
造在無物可及的
　空濶裏

有什麼不好
人坐機內
世界坐機外
單純的對話

透明的相望
忘我是最長
最遠
最廣
最暢通
的
航
路

千山萬水
千景萬象
都往天地線的一字裏跑
跑空了世界
方把眼睛放回來
雲山雲海
幻境已湧現成形
塑造成象

雲上　什麼也沒有
有　也在沒有中
雲下　只留下煙囪
炮管
十字架
構成歲月的鐵三角
都市與田園也只是兩輛
被飛機牽著跑的玩具車
不能鬆手
手一鬆　世界便輕過雲
下不來了
一路上
機翼有時也會弄痛遠方
與記憶
能靠過來的　也只有
那早已光化成詩與藝術的燈屋
和妳將自己用虔誠與祥和

　揉造成的那座禮拜堂
其他是一片空白　便留給天空
這樣就夠了　也很好
配合宇宙藍色的玻璃大廈
不就成了三位一體
最好是什麼也不問
永恆　它如果要來
　自己會來

註：五月間，分別飛往泰國與菲律賓講詩，來回途中總要飛經三萬呎什麼也沒有的地方——宇宙藍色的玻璃大廈，遠離各種謊言與「槍聲」爭吵的「地盤」，進入「單純」與「透明」，實在有了深一層的體悟與感知。眞是一切在言中；也在不言中，而記起詩人梵樂希的話：「詩是悟的盛典」，那便不能不悟了！

一九九一年七月

大峽谷奏鳴曲

——詩與藝術守望的世界

一

千萬座深淵在這裏沉落
　無數向下的↓↓↓
　　追著死亡
所有的石屋解體在石壁上
　都找不到原來的建築圖
　　萬徑人蹤滅

大峽谷
你兩邊的建築與走道
是日月星辰雷電風雨

千萬年營造的
岩壁打開的兩扇通天門
永遠開著
世界要來就來
要去就去
至於
惠特曼有沒有
駕著西部的蓬車來過①
柳宗元有沒有
把寒江釣到這裏來②
從不說話的蠻荒與孤寂
都不知道
天空也沒有人管
鳥帶著山水飛來
飛機帶著都市飛去
你是牽著鳥翅與機翅在飛的
那條線

飛到接近太陽出來的東方
另一條線
接著從萬里長城
揮出來
帶著大自然的風景與
起伏的歷史
滿天飛
飛到鳥翅與機翅
都飛不過去
另一條線
便從茫茫的天地間
飄出來
閒在那裏
這三條線　握在你手中
已是三條最長的鞭子
地球要凹到底

凸到頂
去到○
都真的是鞭長可及了

二

看天空與曠野寫下合同
你將無數剛柔的
疊層與色面
建架入絢麗雄偉的型構
水墨流過
便是東方的山水畫
幾何圖形進來
便是西方的立體造型
如果流過谷底的科羅拉多河
是弦線
裝在二胡與小提琴上
都一樣拉出最原始的

音色
音階
與回響
世界便好看好聽的
拉在一起了
那裏來的東拉西扯
東吵西鬧
亂成一團
看不清聽不楚
到處是視覺強暴
聽覺強暴

三

大峽谷
你驚人的深度
帝國大廈與紐約商業大樓
聯手也摸不到底③

下去是沒有階梯的沉靜
再威風的凱旋門
也無法從那奧秘中旋出來
長期的沉思默想
一塊塊靜觀的石面
　　　　都是鏡
凡是影像
都逃不掉
最奇異的
開始都是眼睛在說
後來是寧靜自己
　　　發出聲音
叫周圍空成山水畫中的
　　　　　留白
怎麼說　還不如不說

四

大峽谷
再大的地震
也未裂開這樣大的口
你白天銜住太陽
　晚上銜住月亮
晝夜便有用不完的光
歲月也一直在光裏走
　有好看的樣子
讓有形無形的彈片
　都轉化為剛性的岩層
　　柔性的葉片花瓣
將畫面與結構重新組合
把坦克車與垃圾車
通通換成遊覽車
　在風景裏開
大都市兩排建築夾住的

　　　　　是一條花街
大峽谷兩邊岩壁夾住的
　　　　也是一條花街
管它走來紅男綠女
　　　紅花綠葉
都一同走回自然
　　給原始看

五

大峽谷　為裸出真象
你撕開胸　挖出心來
　　給天看地看
當你開口說愛
那濶長的嘴
如果都吻遍
那將是世界上
最長的一條愛河

最遠的一條博愛路
當你開口說痛
所有無形有形的
　大小傷口
都跑來
也說不盡
最後都說成
　亨利摩爾雕刀下
　一個個奔馳在旅途上的
　　車窗④

六

大峽谷
倘若你是世界上
　最大的掩埋廠與焚化爐
埋下去的也只是感性的抒情河道
　理性思維的岩層紋路

將世界焚化　冒出來的
　　也只是雲彩
　　　不是濃煙
過後　仍是明麗的風景
　　　藍藍的天空
　　從不污染

即使在風雨交加的動盪時刻
一切失去方向感
風歪雨斜
眼看周圍
　跟著倒的籬笆
你仍以岩層堅忍的斜面
　　　　　忍過去
留下一塊最美的滑板
給腳站不穩的世界
　　　　　滑落

七

大峽谷
深藏不露而露
你不是偽裝的陷阱
而是深層世界的坦誠
凡是危崖絕壁
都預先告訴眼睛
走近腳下也響起警鈴
安全率較身邊的隨從還高
至於驚險與驚奇
那是開在谷底
兩朵最美的花
要站到崖邊
才能看見
若懼高怕深
便跟隨導遊與遊客

在安全距離裏走
照著旅遊的平面圖
　　定好的路線
　走回市區
　　擠入購物中心
穿越誰也不認識誰的人潮
　　去找自己的旅館
　　　關在房裏
　　　平躺下來
底下也是一個大峽谷
　　不到半尺深
　　埋了不少人

八

行程來與去
世界一直在旅遊
鐘擺間　有走動的橋

兩腿間　有走動的橋
世紀末也是一座走動的橋
　　吊在現代與後現代之間
　　　　邊走邊搖
　　　　　　邊搖邊愰
大峽谷　你呢
把整座天空架牢在兩崖間
有人説
它是一座空橋
　　沒有人走
有人説
看得見看不見的
上下左右都在走
其實　它是壓克力屋頂
把世界罩在透明裏
　　裸開來看
　　　　看人

拉
著
都市
拉
著
田園
拉
著
荒野
在茫茫裡走

九

沿著深度走下去
順著高度走上來
大峽谷你垂直的視線
同地球的軸直在一起
下端頂著地

上端頂著天
只要跟著地球轉
無數變化的圓面
便在時空的縱向與橫向裏
旋成停不下來的螺旋塔
所有的眼睛都在塔上
　看前進中的永恒
　　往那裡走

①惠特曼是西方（美國）一位極粗獷與具生命強大原力的詩人。

②柳宗元是東方（中國）一位孤高的詩人寫過「獨釣寒江雪」這句詩

③大峽谷深度，高過四個帝國大廈。

④享利摩爾是國際藝術大師，他不少作品，都是透過意象將傷口在雕刀下轉化爲瞭望生命與風景的窗口。

⑤「大峽谷」是自然界劃下的一條線；「萬里長城」是人間劃下的一條線；「天地線」是宇宙劃下的一條似有似無的線，從空中看這三條線，它最顯著凸出，從心裡看這三條線，它近乎是時空的三線道。

【附 記】

①八十一年八月間同蓉子赴美國參加愛荷華大學舉辦的國際作家交流會議，爲期三個月。曾於十月十四日與蓉子坐機從愛荷華，飛越密蘇里州、堪薩斯州、科羅拉多州與亞利桑那州，在內華達州的拉斯維加賭城降落，參加小型旅行團，參觀雄偉無比的大峽谷，有感而寫此詩。

一九九二年

②「大峽谷奏鳴曲」是一首企圖跨時空、跨國界、跨文化與藝術流派框限以世界觀與後現代解構理念所寫成的詩。

野馬

將前腿舉成閃電
吼出一聲雷
然後放下來
竟是那陣追風而去的雨
奔著山水來
衝著山水去

除了天地線
　牠從未見過韁繩
除了雲與鳥坐過的山
　牠從未見過馬鞍
除了天空銜住的虹　大地啣住的河
　牠從未見過馬勒口
除了荒漠中的煙
　牠從未見過馬鞭

一想到馬廐
連曠野牠都要撕破
一想到遼濶
牠四條腿都是翅膀
　山與水一起飛
　蹄落處　花滿地
　蹄揚起　星滿天

一九七五年

天空三境

一、沒有傘把的傘

一群握傘人
走在大大小小的傘下
而他是將陽光與雨
　都拿來做傘架的
　　一把傘

打開來
既沒有什麼
　可遮擋的
傘把也不必裝了
空在那裡
給天去飄

二、不飛時

一群駕機人
帶著地圖與油箱
　在限定的地點起降
他帶著自然與山水
　　到處飛
　　到處停

不飛時
空成鏡
山來看
水來照
雲瞄一眼走後
　有與沒有
　　都一樣

三、最大的鳥籠

一群養鳥人
在嘈雜的公園裏
　玩賞自己的
　　籠中鳥

一聲響亮的遼濶
叫開那隻大鳥籠
山飛
水飛
遠方也在翅外飛

一九八五年三月

悠然見南山

清晨是玻璃蓋的
躺在那可見的透明裏
我也是那無底的透明
接受光的訪問
只有窗在看我
天空在看我
我的眼睛在看我

我的眼睛是從很遠走來的一條路
從運童話的紙船
　到運炮火的艦艇
到運天空的雲

還有什麼不成為那口煙中的淡遠
從小時隨便屙尿
到大了依法放槍
到雙目與窗與天空
都望入了清晨
還有什麼不成為那口茶中的淡泊

當一隻鳥把空濶與自由
抛在我的樓頂上
我雙手撿起　緊緊抱住的
竟是我自己
一放開　遠方便換了進來
任誰都去成南山

一九七八年

晨起

站在清晨的樓頂上
一呼吸
　花紅葉綠
　天藍山青
一遠看
　腳已踩在雲上
一張開雙手
　天空與胸便疊在一起
　　反而較翅膀輕了

此刻要是不飛
鳥那裏來的樣子
遠方怎能用手去摸

一九八一年

山與海之醉

海狂飲著風雨
　便抖了起來
大搖大擺說自己
　是醉中的李白

而山常自醉
　管它是風是雨
凡是能醉的都是酒
只要是酒滴了下去
立即醉成火山
（嚇得李白臉發白）
火焰向上　直接給太陽加溫
火焰向下　便冷凝成金屬的河流

山看見海醉
海看不見山醉

一九八四年

孤煙

——給20世紀從事精神文明的工作者

墳不是乳房
激怒火焰在荒野上
　捏自己成孤煙
那是乳
天空漲成一隻大乳房

那是唯一站起來流的河流
流天空成一棵棄體而飛的樹
鳥翅是飛行的葉子
空濶也是棄體而飛的
　棄衣給雲

棄帽給山
棄帶給河
棄鞋給湖
你虛脫成浮昇之峯
一聳立便得軸
一廻旋便見心

一九七二年

雲

藍空因我柔得像
　愛人的眸子
我帶著海散步
　帶著遠方游牧

我走　地相跟
我飛　天相隨
我笑　太陽在
我怒　風雨來
我情悠悠　江水説不盡
我心遙遙　海天望無窮

我的行程　只有一部份被鳥知道

那是它飛著山水來
我飄著山水去
彼此遇上

我的行程　大部份是過了水平線之後
日落星沉　煙消波滅
天茫茫
地茫茫
永恆也茫茫
獨我在

一九七七年

旅途感覺

車不停的跑
大地奔著過來
天空衝著過去
把圓圓的遠方擲給我
我抱住它　坐在無際的遙望裏
讓風景自己去跑

房屋急急讓開林野
林野漸漸讓開遠山
遠山慢慢讓開煙雲
煙雲卻不知往那裏讓

車窗外

許多遠遠近近的路在追趕
在搶先
在糾纏
只有水平線知道 那都是飄忽在
風景中的彩帶
全用來結紮鄉愁

一九七七年

車上

車急馳
打開的車窗　是白色琴鍵
關上的車窗　是黑色琴鍵
車急馳
張開的眼睛　是風景
閉上的眼睛　是往事
一回首　車已離地而去
　　　　身在雲裏
　　　　夢在雲外

凝望溶入山水
山水化為煙雲
煙雲便不能不了

事情總是這樣了的
當車急馳　要追回什麼來
雙目總是把車窗
　磨成那片迷濛
　　那片悵惘

一九七七年

溪頭遊

山在雲中走
雲在山裏遊
你是山　也是雲

雲遊　千山動
山靜　雲已睡了千年
清風盈袖時
遊走的山與雲
便多出一種飛的樣子

想飛還沒有飛
林鳥已穿過千樹
碰碎了滿山的青翠

滴滴落入泉聲
是誰在彈著古箏

看一下谷底　望一下天宇
形而上已是一把可見的梯子
石板路一級級探幽入山
青竹一節節問玄入雲
雲是你　山也是你

你與山同走　路在雲裏
雲與你同遊　山在路外
你停步佇立　山以千萬棵檜木
　　　　　　與你正直在一起
你仰臥躺下　雲以千萬種飄逸
　　　　　　與你一同悠然
你離去　絕頂上的那座亭子

是最美的一朵孤寂
千萬年的守著山
望著雲

註：最近同幾位朋友遠遊溪頭。「臺北市」一直吵過了大鎮小鎮，到車停在山腳，才肯回去。入山採購些什麼呢？這座不認識貨幣也無人管的百貨公司，還是自己隨便拿吧！不必帶手提袋，照相機與眼睛就夠了，裝不完，都交給心，心可擺進整座山。

一九八二年

海邊遊

車跑上高速公路
　將都市脱掉
我們走出車門
海跑過來
　將我們脱掉

涉水時
雙腳是入海的江河
嘩然一聲藍
雙目已飛起水天的雙翅
　將海也脱掉

海裸在遼濶裏

握著浪刀
一路雕過來
　把山越雕越高
一路雕過去
把水平線越雕越細

海不知為什麼
　拋下浪刀
一轉眼便不見了

太陽把藍玻璃瓶裏的水煮開
我們泡飲過多的山色
真不知醉到那裏去了
風問浪
浪問石
石問山
山問雲

都不說

要不是眼睛與海天藍在一起
重重的遠山
絕不會將我們的踪影
說出

歸帆將黃昏
運到岸邊
拋下一束沉寂
只有東南西北
站在那裏偷看
我們從眼中拉出鋼繩
將落日埋下去
海才放心回家

一九八二年

不能再大的三明治

天空的遼闊　虛
大海的遼闊　實
大海的遼闊　動
天空的遼闊　靜
在虛實動靜之間
遊客無論是浪　湧進來
　　　是雲　遊進去
都將被天空與大海
夾成那塊不能再大的三明治
給太陽坐在大自然的風景裏
　　　　　　邊吃邊看

註：此詩是同雕塑家何恆雄教授與廈門大學俞兆平教授往遊濱海公路，坐在海邊，看海與來往的遊客，當時寫的速寫。

一九九一年七月

南方之旅

回南方去　人也南方了
南方站在雨裏　以躲在簾後的閃目窺我
南方走出雨來　推開十二個春天的彩窗喊我
綠色的靜境與我的醉眼平行
凝眸伴夏日寧靜的園林遠渡
渡入煙雲　渡入不回首的蒼茫
時空以甜熟的睡姿叫我
一切都在無形的舒展中靜臥
世界失去負荷
除了呼吸太綠
　　聽覺太亮
　　視境太深

在南方　地球是一張搖椅
搖風景在南風裏　搖睡眠入深夢
今晚瑪麗亞在北　拾夢人在南
小鎮踏著杜布西的小步舞曲
冰店姑娘的弄目　仍賣著十二年前的夜色
仍用短靴與緊身衣的日子悵惘我
撞球室裏　我閃光的直桿撞不準紅球
卻撞亮計分女郎的藍目——那夏夜的天鵝湖
藍透了我的南方之旅　也藍透了我十二年前的假期
我來回渡步在那條不斷發出ECHO的直街上
如一走索人　底下是回憶的幽谷
南方　請別用你靜謐的星夜推我
當六月的晚風灌我半醉

一九五八年

車入自然

車急馳
那把箭較眼快
一隻鳥側滑下來
天空便斜得站不住
將滿目的藍往海裏倒

車急馳
飄浮何須經由水面
說雲將山浮去
倒不如說風浮來曠野的臉
　　一陣翅膀聲
　　　在笑裏

車急馳
太陽左車窗敲敲
　右車窗敲敲
敲得樹林東奔西跑
敲得路廻峯轉
要不是落霞已暗
輪子怎會轉來那輪月

一九六八年

日月的行踪

踩滿地喧囂於腳下
獨坐高樓看雲山
山看你是雲
雲看你是山
山坐下來　連著地
雲遊起來　伴著天
一隻鳥把路飛過來
雙目遠過翅膀時
那朵圓寂便將你
　　整個開放
寧靜中　你是聲音的心

回聲裏　你是遠方的心
江河經過你的血
心中那條萬古的長城
已衝出鐵欄干
進入天地線
完成那面最美的水平
讓風景一層層往上蓋
從窗蓋到鳥
從鳥蓋出天外
在這幢垂直的透明裏
你與光始終沿著直線走
　日的行踪是那樣
　月的行踪也是那樣

一九八二年

夏威夷（HONOLULU）

——旅美詩抄之一

它不是站在陽光下戴著花環望海
　便是坐在琴線與鳥翅上
　　或醉倒在花傘下

除了泳衣遮住一些世界
海裸在陽光裏
風裸在浪聲中
鳥裸在翅膀上
那無際的眺望
只有傍海的山知道

太陽的金輪濺起滿海浪花
少女們以扭緊的曲線從浪花中躍出
　　幾乎扭斷了陽光的弦線
　　　被眼睛彈得那麼響
他們躺下來的胸部起伏著浪
　　形成另一個海
使草裙舞獲得狂熱的節奏
使花環飄起另一種信仰
有人在遠方穿黑袍踏紅氈　走向天堂
有人穿香港衫踏這裏的花與浪　天堂向他走來
百合花白在神父注視的遠方
威士忌與櫻唇是兩種燃燒的玫瑰
　　紅在花園島的夜晚
夜晚　海是一把自己拉的大提琴
太陽的噴泉　移到婦女們裸開的胸口

噴向那些容易走火的視線
當她們從不同的豪華中走來
　踏著旋律花影與眼睛
　　步入火把暴露的園景
彩色噴霧華麗了她們的巧笑
幽美的提琴拉出她們心中的彩帶
弄情的吉他彈開了禁宮的後花園
今夜必有一隻醉船浮在無岸的海上
而當一陣海風吹上WAIKIKI頂樓的露臺
誰站在那裏　誰都會長出天使的翅膀

註：人人稱夏威夷爲人間天堂，此次旅美，途經那裏，頗有同感。上帝把最美的天空陽光與海水給了它，使它溢滿了少女般的青春與誘惑力，尤其是在WAKIKI的夜晚，由各國來觀光的遊客與濶佬，給這裏的美麗更帶來了榮華，婦女們穿著各國奇艷的晚禮服，緩緩的踏著迷人的步態，走入彩色噴水池與火把照耀的亭園，那些被提琴與夜色溫雅了的嫵媚與眼波，的確較白晝的海景與夜晚的白蘭地還迷醉人。

一九六七年

重見夏威夷

海與天與目放在陽光裏調
　　　　便藍成眼色
花與酒與唇放在陽光裏燒
　　　　便紅成火焰
雲與浪與帆放在陽光裏飄
　　　　便白成煙

從眼色到
　火焰到
　　煙
夏威夷　你是一座美麗的火山
　　　　隨著响午與彩傘
　　　　　星夜與子宮

而開放

除了草裙舞　誰能說出火的形態
除了起伏的胸部誰能找到火的心
除了打開的櫻唇誰能吻到火的舌
除了那種抱摟誰能進入火的三圍
除了那種灑脫誰能揮盡火的繽紛

只要有人從歌裏來
把花園植在香港衫上
把花棚搭在遮陽鏡下

誰說海不開花
花不是浪
浪不是被陽光吻開的唇
唇不是被陽光睡滿的沙灘
沙灘不是被陽光堆成的三點式

三點式不是使海與山全都站起來
鳥拍翅而飛　風逐浪而流
眼見的耳聽的手摸的
　全都可以著火
夏威夷　你便把WAIKIKI燃亮成
　　天堂裏的那盞燈

註：這次因赴美出席第三屆世界詩人大會，得重遊夏威夷，覺得前一次寫夏威夷時，未能將它那種由「自然性」與「人性」所匯流的強烈與特殊的美感力充份表現出來，故再度來表現它。

一九七六年

藍色的奧克立荷馬（OKLAHOMA）

——旅美詩抄之三

在藍得不能再藍的奧克立荷馬
天空藍在湖裏　湖藍在少女的眼睛中
少女的眼睛藍得可將海再染藍
太陽選最藍的天空下來
遊艇遊到最藍的湖上去
旅行車把最藍的假期速寫在風景裏
風景一想到美　便到處拿湖來當鏡子

在畫家買不到那種藍的奧克立荷馬
天空湖水與少女的眼睛是一直藍下去的
樹林曠野與少女的笑是一直綠過去的

白雲遊艇與少女的臉是一直白上去的
花朵酒與少女的吻是一直紅進去的
只有油井晚禮服與神父的聖袍是黑的

在到處鋪著藍地毯的奧克立荷馬
陽光的腳步在四月裏很輕
　輕得可聽見在藍色中昇起的寧靜
槍聲在越南　地下車在紐約
奧克立荷馬枕著教堂與農莊
看石油噴黑百萬富翁的晚禮服
看天空藍在湖裏　湖藍在少女的眼睛中
少女的眼睛藍得可把藍色的火焰加藍

註：奧克立荷馬是美國南部一座多湖、多農莊、多教堂、多油井、多百萬富翁的城；那裏的天空被湖水洗得很藍，少女的眼睛很藍，笑也很藍，在一本以廿張風景圖片介紹的印刷物裏，就有十八張離不了湖，於是奧克立荷馬在我旅美的印象中，可說是一座藍色的城，寧靜幽美而富有，如果人間眞的有天堂，是否就從奧克立荷馬這個地方走進去呢。

一九六七年

愛荷華印象

一

戰爭走過的土地
過重的坦克與砲彈
　壓出來的是血淚
文明叫囂的大都市
過重的鋼鐵與建築
　壓出來的是冷漠
坐在秋天暖陽中的IOWA
過重的寧靜與溫和
　壓出來的是滿城的
　　笑容　牛乳　巧古力糖
　　　與婦女們的豐盈①

二

在紐約
建築物站起來
將天空與原野吃掉
在IOWA
大自然站起來
建築物坐下去
　靜靜看地綠過來
　　天藍上去
所有的窗都是飛在風景中的
　鳥

三

大都市
越走越快
大自然越走越慢
有時靜靜坐下來
　不想走

IOWA
帶著人與都市與自然
走在不快不慢裏
一路快樂的交談

四

速度的亂箭
將紐約追殺入陰暗的地下鐵
整座城慌張的躲入車箱
　　　　　　急逃
寧靜的秋景
將IOWA亮麗在
　金黃碧綠與楓紅的色境裏
歲月的臉好看多了

① 在IOWA城，到處都是福態的胖女人。

一九九二年十二月

阿里山之旅

——聽聽它環保的心

叫一聲阿里山的姑娘美如水
回一聲阿里山的少年壯如山
人已入山
千萬棵樹
架起綠色的攝影棚
停不下來的攝影機
　是一路追著風景拍的
　　眼睛
往上　拍山頂之玄
往下　拍山底之幽
至於背景音樂

以鳥聲泉音
　先把山叫空
用林蔭樹影
　　讓山睡得更沉
最好旁邊沒有人
你同百年神木枯坐
閤目閤耳
世界便埋入無邊的空靜
遠處即使有遊步
那也只是山自己在走
　　　　　走來蠻荒
　　　　　走回原始

一路上
要飛　有鳥
要飄　有雲
要站　有樹
要坐　有石

要走　便走在打樁聲
　　　　　　鋸木聲
　　　　　　馬達聲
　　　　　　槍炮聲
　　　　　　之外
用不著看圖表路牌

頭頂藍天
腳踏碧海
你穿一身綠
帶著東南西北
　　春夏秋冬
一路拉著玉山
　　金山
　　黃山
　　華山
　　富士山

喜馬拉雅山
連成聲勢壯大的
「山胞」群
走進廣闊的大自然
站在地球高高的發言臺上
向所有的城市
大聲疾呼自己
是一座座綠色的環保

註：爲躲開空氣污濁的臺北市幾天，前些日子同蓉子旅遊阿里山，回來寫此詩，除寫景寫情，難免在潛意識中，把環保的念頭也寫進去。

一九九四年二月

多夢的夏蒂農莊

住進翡翠灣
　夏綠蒂農莊
先送你一個海
外加一條黃金海岸
　給風景佩戴

住在這裡
你眼睛的兩輪車
　可與海上的船隻
　　緩緩慢行
可同空中的海鳥
　急急飛馳
海濶　天空

水藍　山青
看不見紅燈
那裡來的塞車

住在這裡
海風會通知夏天
　不用裝冷氣
木屋的壁爐會向冬日
　訴說溫暖的故事
滿野花樹將芬芳與翠綠
　　滿入你的庭園
　　　使春意長在
　　　　秋色依人
空氣在透明的純度中流動
每一次呼吸
都是一口清新
　感到大自然在體內

進進出出
世界與山靜坐下來
除了輕和的浪聲
最吵的是風景

住在這裡
海彈著幽美的鋼琴曲
星星亮起天上的霓虹燈
漁火亮起海上的霓虹燈
上下兩家大酒廊
任你往那一邊醉
都無人管
月亮會一路提著宮燈
來看你入夢
太陽會一早採著浪花
來叫你起床
醒來時

頭枕藍天
腳放在水平線上
浮著雲與浪而去
自由　舒適　快活與滿足
　　　是什麼樣子
　　還用說嗎

夏綠蒂農莊
在美的視聽世界裡
已是一首活的田園詩
　一組活的田園交響樂
　一座活的地景藝術
專給幸福的歲月來讀
　　　　來聽
　　　　來看

註：我與蓉子曾造訪與特別嚮往這個地方；曾想在這裡創造我們另一個生活的美感造型空間。
但寫詩窮一輩子的我們，只好去作夢與寫詩了。

過三峽

一

江水帶著船與山
行入蒼茫
江風帶著臉與浪面
走進空濛
路有多遠
千山萬嶺
從高遠
深遠
走
到
平

遠

時間有多老
回話是蒼古的岩壁
　　從千萬年來
所有的鐘錶都停止
　在聽大自然的心
　　　在跳

近山看遠水
近水看遠山
　山山水水
　　水水山山
將我們看成山水畫中的
　　　　空白
讓周圍的重山
都輕浮到雲裡去
若悠遊過於和緩閒暇

便轉回頭去看船尾的逝水
追著記憶跑
跑入內心的歷史河道
江水曾是血淚流的
眼看艙底仍擠在窮苦裡
船在逆流中
拖著沉重的歲月
便不能不慢下來

二

一峽一峽
又一峽
掙開左右堅固的子宮壁
抓住兩邊的平衡張力
沿著安全的中心線
突破艱險的瓶頸出來
船頭直指向明麗的遠景

遙望　一瀉千里
進入遠山
　遠水
便渾然與天地同流

時間　空間
都空回原來
畫筆與雕刀就別想動了
八大的潑墨
蒙特里安的造型
克利斯多的LAND　ART
都一一退出風景
只留下山水
　一剛一柔
　一動一靜
在畫著那一幅幅不能畫的
　　　　　　山水畫

在雕著那一座座不能雕的
　　雕塑
　給大自然看
看到長河落日圓
　山隨水盡
　煙雲變滅
遠處的一盞船燈
便亮開整條江
　在夜讀
讀來星垂原野闊
　月湧大江流
讀到天亮
方讀出天地線上那個一字
人與船與風景便都醒來
　跟著太陽一起讀
　　讀來千山萬水
　　　天高地遠

大江南北
源遠流長
平面看　都是畫
立體看　都是雕塑
屬於眼睛的　都由相機運回去
屬於心的　便由詩來轉運
沿水路　是長江萬里
讓風景去走
走心路　比歷史遠
便由風雲鳥去飛

註：蒙特里安（MONDERIAN.P.）是國際現代造型藝術大師級的藝術家。克利斯多（CHIRSTO）是國際地景藝術（LAND ART）的大師，以包紮大自然風景爲創作的觀念，稱著國際藝壇。

附記：此詩是在一九九四年六、七月間，同蓉子赴大陸，共渡長江三峽五日遊，有感而寫。

附錄部份有關評論

羅門如何「觀海」

陳寧貴

日日與海對晤

羅門，是自由中國具影響力的詩人，他寫詩伸縮自如、長短有緻，對於詩的題材並無偏嗜，然而他寫出的詩，莫不抓住該題材的要害，對該題材的核心部份，更是一箭中的。在讀者的驚訝聲中，他如一葉輕舟，已過了萬重山。所以他從三十年前開始創作現代詩，迄今衝過時間一重重疏而不漏的封殺，他的認知力，越來越強大，他心靈中的感應之鏡，也越來越清晰、浩瀚——如一片大海。

無疑的，「觀海」一詩，是詩人羅門自我的解析，他日日與海對晤，這「海」不但具有我們肉眼所見的浩大與雄渾，更有我們的肉眼無可見的空寂——這兩字很重要，我們從這兩個字，看見人類精神世界（尤其是大藝術家）裏的大海，如何從空寂的內涵中，提鍊出人類不朽的意志力。

「觀海」也可以作爲羅門的藝術觀，那片海在他的內心深處，澎湃、吶喊、呼喚，它具有父性的莊嚴，也具有母性的慈愛。也許那片「海」——就是羅門的代名詞——或是羅門對藝術界擲出的宣言。

海的起源

羅門與海對晤幾十年，對海的性格、特質都有了解，而且很透徹。然而他要我們了解「海」之前，必先告訴我們「海」的起源：

飲盡一條條江河
你醉成滿天風浪
浪是花瓣　大地能不繽紛
浪是翅膀　天空能不飛翔
浪波動起伏　群山能不心跳
浪來浪去
浪去浪來
你呑進一顆顆落日
　吐出朵朵旭陽

原來「大海」是「飲盡一條條江河」而成的。這世上任何偉大的東西，那一個不是吸收了許多的小東西而形成。從這裏反應出：任何人想要走入偉大之境（即詩中所語「無限的壯闊與圓滿」）其本身必須寬宏大量，古今中外的大詩人、大藝術家那一個不是先吸收了萬方之長，而後塑造自己之大？研究中國詩聖杜甫和詩仙李白的學者，在研究的過程中，不得不驚異於他們呼吸著全中國詩的精華。

「海」既已形成，便能使大地繽紛起來，使天空飛翔起來，使群山也心跳。更重要的，它能吞吐陽光，——這是時間的象徵，時間在推移著，時間跟隨著大海，大海包容時間。所以從此段文字中，我們感悟到雖然時空無垠，但卻以大海爲其歸宿。不錯，大凡偉大的藝術家，是超越時空而存在的，也就是偉大者無時不在，無處不在，他的聲音在這個時代、過去的時代，以及未來的時代中澎湃洶湧。

讓我們再看看詩人羅門爲我們描繪的大海的形象：

究竟那條水平線
　能攔你在何處
壓抑不了那激動時
你總是狂風暴雨
　千波萬浪
把山崖上的巨石　一塊塊擊開

放出那些被禁錮的陽光與河流
其實你遇上什麼
　都放開手順它
任以那一種樣子　靜靜躺下不管
你仍是那悠悠而流的忘川
浮風平浪靜花開鳥鳴的三月而去
　　　　　　　　　　　去無蹤
　　　　　　　　　　來也無蹤

遼闊的海，水平線是攔不住它的，它的激情能夠將山崖上的巨石一塊塊擊開，把禁錮在裏面的陽光和河流奔放出來。當陽光出現的時候，正是黑暗遁跡之際，光明和希望便於是攜手前來。不能流動的河是死的，就像一具死屍一樣，失去了靈魂和生命的動感；而奔放出來的河流，它具有活潑的生機，具有新鮮的氣息。河流就如微血管，遍佈人的全身，營養著人的生命，又彷彿擁抱著人的神經系統，給人一種銳利的智慧。大海在花開鳥鳴，來去無蹤的三月裏，它的心情變得平靜起來，——不管遇上什麼都放開手順它。

詩人羅門在這段文字裏，清晰地描繪出「海的遼闊、激情、寬容、神秘」。

海的本色

詩人羅門在「觀海」一詩的附註中說：「我認爲一個現代作家除了追逐外在的動變，更應感知那穿越到『動變』之中去的莫名的恆定力，它是來自宇宙與大自然整體生命的穩定的結構與本然的基型之中。」

從上句話，很顯然羅門在創作本詩時，有兩大企圖：㈠描繪出海的壯闊與深沉的生命潛能。㈡表現出海含有「信仰性」的較深遠的嚮往與感動。

因此，羅門在本詩中極強調「海的本色」：

任霧色一層層塗過來
任太陽將所有的油彩倒下來
任滿天烽火猛然的掃過來
任炮管把血漿不停的灌下來
都更變不了你那藍色的頑強
藍色的深沉
藍色的凝望

藍，海的本色，在遙遠的過去裏它就一直這樣藍著，以後它仍然會繼續藍下去，由於它的頑強和堅持，使得我們人類認知藍色是最穩定的顏色，人們更發現火的溫度中「藍焰」是最熱烈的。因此，藍色中不但具有深沉、遼闊、頑強的內涵世界，更具有擁抱似的熱情和關愛。

一個藝術家和詩人，往往會感嘆當今現實社會環境的種種障礙，有些人忍不住從事這種工作的孤寂感，而臨陣逃脫、功敗垂成。但是海的藍色，幾萬年來一直就不曾變過。「任日月問過來問過去／你那張浮在波光與煙雨中的臉／一直是刻不上字的鐘面」海的頑強生命力，已藉詩人羅門透露出來，而且暗示著「海」是藝術家學習的對象，一個藝術家要有所成就，必須多去「觀海」，能夠領悟到海的特質，那將是藝術家創作時源源不斷的滋養。凡是未找到海，或背棄海的藝術家，最後不過成爲海浪而已，或是荷花池的小漣漪罷了。由於藝術的創作，必具備兩大條件乃能成其偉大，一曰深度，二曰廣度，海的確是深廣兼備，最值得藝術家去觀看，甚至躍入泅泳。

從漫長的白晝
到茫茫的昏暮
若能凱旋回來
便伴著月歸

星夜是你的冠冕
眾星繞冠轉
那高無比的壯麗與輝煌
使燈火煙火炮火亮到半空
　　都轉了回來
而你一直攀登到光的峯頂
將自己高舉成次日的黎明

由於大藝術家具有超越時空的特質，所以他們用無比的恆定力來擁抱宇宙。他們能夠深入人類的內心工作，將人的精神昇華到光的峯頂——使之成爲次日的黎明——或不朽的希望。

海的空寂

能「空」才能「容」、能「容」乃「大」。
能「寂」才能「定」、能「定」乃「恆」。

　　總是發光的明天
　　總是弦音琴聲迴響的遠方

千里江河是你的手
握山頂的雪林野的花而來
帶來一路的風景
其中最美最耐看的
到後來都不是風景
而是開在你額上
那朵永不凋的空寂

任何藝術家（包括音樂家、詩人）必須經過空寂感的洗鍊，才會成爲藝術大家——米開蘭基羅、梵谷、貝多芬、李白、杜甫、杜斯托也夫斯基……都是如此，藝術家的額上投射出來的空寂之光，往往照亮了人類光明的精神世界，他們背負著人類十字架似的悲劇命運。行走在黑森林裏，爲人們尋找光，甚至燃燒自已成爲光，引導人的苦難，到達希望的彼岸。

所以詩人羅門在「觀海」第五段指出：「所有流落的眼睛，都望回那條水平線上，仍望不出你那隻獨目，在望著那一種鄉愁，仍看不出你那隻獨輪，究竟已到了那裏。」想要遠行的人，勢必要有孤獨的打算，獨目獨輪，沒有人能看盡海的盡頭，水平線是一條分界線，任何成功的競跑選手必須衝過這條線，否則不過是投降者，要接受如鞭似的水平線，一頓苦刑。

也許，詩人最懂得空寂感，空寂感來自禪境的頓悟，在國內的詩人，剛創作之初莫不痛苦摸索，有時摸索出一條路，過了一些日子卻發現是不通的死巷子，祇好繼續重來。那種孤獨與寂寞，徬徨與無奈，絕非旁人所能了解其萬一。然而這正是使自己的藝術生命像海一樣的唯一通道，——唯有進入此通道，而且通過此通道，你的藝術生命才會像海般的澎湃起來，也才會像海般的頑強起來。從感受空寂，到通過空寂，是一條漫長而黑暗的藝術之旅，大藝術家觀察的銳利，心靈的敏捷，皆從此旅獲得，整個宇宙時空的寶藏，此刻似乎是特爲他們準備的豐盛佳餚。

海的呼喚

「觀海」一詩，是羅門近年來的力作之一，可以歸屬於他「自然詩」的創作部份。當然這首詩氣魄雄渾，意境高遠，是很有企圖的作品。我相信羅門對當今國內的藝術環境頗多感慨，居於一個詩人的良知使他不得不寫下這首詩，這首詩具有諷刺性和教育性，任何一個敢於面對現實，不虛僞作假的藝術家，看完這首詩，一定會感動不已。任何一個從事藝術工作的人，把自己投入「觀海」一詩中，自己到底能夠通過那一項檢查？我們捫心自問，我們在與藝術之神交往中，到底付出幾許虔誠？「任砲管把血漿不停的灌下來，都更變不了你那藍色的頑強，藍色的深沉，藍色的凝望」在殘酷的現實生活中，有許多人往往無法堅持而變節，一個崇拜繆斯幾近於迷信瘋狂的年輕人，曾幾何時在繆斯的殿堂失去了他的蹤影。而海水不變它的本色——藍色。它的頑強和恆定力值得人們學習，尤其是藝術家缺少了本色，剩下來的是什麼？沒有掙扎和對抗（或說不敢掙扎和對抗）怎能敲擊出生命燦爛的火花，生命的價值和意義全在這電光石火間被肯定下來。

讀完「觀海」我們好像聽見海在呼喚：請你不要在海邊徘徊，讓你的生命也變成海吧！

——這不也是詩人羅門的呼喚嗎？

臺灣新聞報一九七一年十二月五日

「曠野」中的羅門

陳寧貴

一

羅門站在曠野中，欲望「隨天空闊過去／帶遙遠入寧靜」，他要以原本的遼闊，守望到最後。

曠野的原來面目是這樣子的：是河便自己去流／是湖便自己停下來／是風景便自己去明麗／是晝夜便自己去明暗／時間不在鐘錶裏／天空不在鳥籠中／你遼闊的胸部／放在太陽的石磨下／磨出光的回聲／花的香味／果的甜味。

羅門在「曠野」一詩中，展示文明對大自然的侵略和污染，指出現代人的徬徨與無奈。詩人希望散步在「明月松間照，清泉石上流」或「松月生夜涼，風泉滿清聽」的境地，然而這已成了陶淵明的桃花源——阡陌交通，雞犬相聞——多麼遙遠的神話呀！

當第一根樁打下來
世界便順著你的裂痕

在紊亂的方向裏逃

史朗寧曾說過：人不是歷史創造者，而是推動者，現代文明的出現，固然是人們參與後的成就，也是時勢所趨。荷蘭人在須德海埔紀念塔曾刻著「未來在此誕生！一個會創造未來的民族是永遠生存的」荷蘭人眞的是會創造未來的民族嗎？還是被環境所逼而不得不如此？

現實與理想往往處於敵對的地位，就以我臺灣來說，人口爆炸，生存的土地有限，挖山塡海以求取更廣大的生存空間，成了必然的事；樓房越蓋越高，公寓越建越多，像這種向空中掠奪空間，向蜜蜂學習利用空間的人類行爲，已嚴重地傷害了詩人理想中的世界。

所以羅門站在自己心靈的曠野中發出了抗議！

二

高樓大夏圍攏來
迫天空躲成天花板
迫你從印刷機上
縮影成那塊窗簾布
仍開花給窗看

當然，羅門在本詩中，不斷地指出人類心靈裏的曠野，逐漸地在消失，「想奔，河流都在蓄水池裏／想飛，有翅的都在菜市場」，由於競爭的劇烈，人們的生活變得忙碌、緊張、迷惘，走在街上，你會發現路、人已經不夠用了，使得許多車子不得搶路急馳；至於喘息於油門與煞車之間的人們，心靈的疲憊，絕非克勞酸所能解救得了。杜斯托也夫斯基曾說：「世界將由美來拯救。」美，原來徜徉在曠野中，曠野消失了，美在那裏？世界要誰來拯救？以後的世界將變得怎樣呢？我們姑且不談以後的世界，羅門認爲現在的世界已變成這個樣子了：

1.

男人與太陽同姓
女人與月亮同名
床被與四季同睡
唇瓣與花瓣同開

2.

在廣告牌圍觀的場景裏
眼睛是一部切肉機

把你的千山萬水
切片入建築物的層次
　　櫥窗的秩序
　都標上了價
如果口袋裏的鈔票是你的雲
沿腰而下　便是你的河
沿乳峯而上　便是你的山
於上上下下之間
你便循環成那座電梯
在封閉式的天空與限定的高度裏
　鳥祇有一種飛法
　　一種叫聲

羅門的詩中所展現的世界，是缺乏靈性，是墮落的；現實感，堵死了人們性靈的去路，人們茫然的生活著，無可奈可地把生命延續到死爲止。

三

「曠野」一詩是羅門的力作，他有感於急速前進的現實，對人類帶來了嚴重的迫害，逼得羅門不得不去注視、探討這個問題。

羅門詩裏的探索性極強，所以讀他的詩令人低迴不已，例如在他的名作「板門店，三八度線」裏的最後一段：「在用不著開槍的幾公尺裏／幾個沒頭沒腦的北韓士兵／不知爲了什麼傻笑了過來／上帝您猜猜看／它是從深夜裏擲過來的一枚照明彈／還是閃過停屍間的一線光」刹那間讀者都怔住了，接著在心中興起松濤狂瀾。

羅門在「曠野」詩中，最後仍勸人回歸大自然，這和陶明寫歸去來兮說田園將蕪，胡不歸？有異曲同工之妙。離我們現在一千五百多年前的陶淵明亟於尋回心靈的「曠野」，他所謂的田園將蕪，象徵著爲五斗米折腰的慘痛心靈。宋代的朱元晦，自認爲尋找到了心靈的「曠野」，有詩爲證：「半畝方塘一鑑開，天光雲影共徘徊」，朱元晦是著名的理學家，他的「曠野」在書中。他是個典型的讀書人，只要有好書可讀，便能達羅門「曠野」中詩的境界：

廟選中了山的清高
十字架對正了天堂的座標
你把空茫磨亮成一面鏡
望著光開始流動的地方
　泉水間始湧現的地方
　花開始開的地方

鳥開始飛的地方
讓所有的路都能看見起點
所有的聲音都歸入你的沉寂

當然，羅門所尋求的「曠野比朱元晦的還遼闊，這「曠野」是否在人間存在，關係著人類精神生活的禍福，如今我們感覺天地越來越窄，人的心胸越來越小；每天清晨開窗，迎面而來的不是青山綠水，而是另一棟建築物，頓覺沮喪，「猛力一推，竟被反鎖在走不出去的透明裏」（羅門．窗）現代人的不幸就如此誕生了；更可憐的是，人們住在蜂巢似的公寓裏，把鐵門一關，誰也不理誰；據說在香港鐵門如果沒有三道，人們就沒有安全感。可見人與人之間，信任感已逐漸消失，每個人的天地、心胸都是爲容納自己而存在的，有時甚至連自己都容納不下，逼得人們挺而走險，道德因而淪喪，犯罪率因而提高。

「克勞酸喝得你好累／咖啡把你沖入最疲憊的下午」，克勞酸原是提神的東西，卻喝得你好累，這有兩層意思，第一，現代人的累，不是身體上的，是精神上的，克勞酸對精神上的累是無益的。第二，現代人急於解除莫名的勞累，而利用現代文明的藥品，結果勞累還沒解除，卻衍生了另一種累。

「克勞酸喝得你好累」是「人從橋上過，橋流水不流」矛盾語法的運用，一正一反，一迴一旋，令人發怔、思索不已。至於「咖啡把你沖入最疲憊的下午」，也有兩層意思，第一，現代人喝咖啡打發無聊的時間，時間上打發了，卻一無所得，若硬要說有一得，那便是——疲憊；如果我們回想沒有咖啡的時代，我們的祖先如何打發時間呢？「一盃香茗把你泡入最悠閒的下午」——我想是如此。第二，「疲憊」幾乎成了現代人的象徵，克勞酸無法解，咖啡也一樣。這就成了値得探討的現代人精神困境。

四

「曠野」的創作分爲四段：第一段勾出曠野的容貌；第二段寫曠野開始受到侵略；第三段寫曠野消失了，由現代的物質文明所代替；第四段指出消失的曠野的去處，使人們仍能尋覓到曠野，仍能徜徉在曠野。脈絡異常分明，能夠很明顯地推究出詩人的企圖。

羅門用鮮活的詩語言，快速而有力的擊中當代人的精神困境，這個困境經過詩人的觀察和經歷，而有眞切的體認，本詩將現代人生活的緊張、不安、疲憊、無奈、凡庸，極清晰地呈現在讀者眼前，使人內心裏產生一種悸動，當讀者心中產生悸動之際，在第四段詩裏把曠野帶了回來，令人由悸動中一轉爲雀躍，眞所謂：「鑿池明月入，能空境界自生明」，羅門一直認爲上帝管理人類，偶而也會有龍體欠安的時候，詩人這時就順理成章地成了上帝的代理人，因此詩人的詩和上帝的話同等份量，（如果現代詩人常寫僞詩，有朝一日激怒了上帝，詩人被取消代理人的身份不是不可能的事）我們從「曠野」詩中，可以感覺到詩人對全人類精神世界的擔憂和關心，詩人不斷地以精鍊的文字繪出曠野的遼闊與舒適，無疑指示現代人走出狹窄和苦悶的精神世界，明朝洪自誠先生寫的「菜根譚」一書中提到：「閒著撲紙蠅，笑癡人自生障礙。靜觀競巢鳥，歎傑士空呈英雄」，同樣指示人們要走向更空曠的精神世界，同時我們檢查出人性趨於悲劇性，於是詩人對人類的關愛不但是必須，而且極爲迫切，詩人如果能夠擔負起這種責任感，詩人勢必從「優秀」中走向「偉大」，爲全人類帶來更遼曠、新鮮的精神世界。

臺灣新聞報一九七一年六月十一日

■陳寧貴：詩人、並寫散文、小說與詩評，現任殿堂出版社總編輯。

「曠野」精神

李瑞騰

羅門一直想要探尋的是純粹生命本體的存在，企圖藉著凝神觀照生命體在空間的形象，甚而通過表象以進入生命最原始的曠野。他之所以選擇寫詩做爲一生執守的事業，無疑是肯定透過詩之表現可以抵達他所欲追尋的終點。

寫詩近三十年，羅門不斷地走進深邃的心靈境域。就因爲如此，所以當讀者一接觸到他的作品時，很難迅速地走進他的詩世界。同時，紛繁的意象以及經過刻意經營之後的語句，也往往使得頭腦簡單的人裹足不前。

當他把自我理念放射到現實層面，去剖析披著彩衣的文明都市的一些潛在病根，或者是戰爭背後所蘊藏的無奈與苦難之時，他所關心的課題，仍然是，生命的存在問題：

· 存在永遠是一種莊嚴且痛苦的抉擇。
· 詩與藝術是對一切存在的眞知與深見。
· 詩與藝術家的存在，可說是內心對美的不斷追蹤。
· 詩與藝術能探視且提昇一切存在的完美之境。

基於這樣的詩之觀念，羅門以自我爲基點，一方面往內以挖掘心靈世界，另一方面則往外去追蹤（反映或批判）客觀世界（事象、物象）的本相，雙線平行或交疊發展，是羅門從「曙光」、「第九日底流」詩集以降一直到最近出版的「曠野」的創作走向。

然而不管是內線或是外線，在羅門的理念中，皆是把「人」放在廣闊的「曠野」中去進行觀察或定位的途徑。曠野，雖與天空一樣是「不設門的」（「野馬」詩，見「死亡之塔」），但對於一個絕對自由的生命體來說，很可能連曠野都要「撕破」（「野馬」詩，見「曠野」）。有時，曠野具有「幽美的臥姿」（「瘦美人」詩，見同上）；有時，「殘廢的曠野／拉住瞎了的天空」（「板門店·三八度線」詩，見同上）。

所以我們就可以這麼說了：在羅門的理念中，「曠野」的「完美之境」，只是它「原本的遼闊」，它和其他的生命體一樣，會變形，會異化，做爲「曠野」詩集書名的那首「曠野」，所傳達的便是這樣的訊息，亦即本文一開始所說的，羅門的詩是企圖通過表象以進入生命最原始的遼闊之曠野。

（本文選自文史哲出版社出版的「門羅天下」論文集）

■李瑞騰：中文研究所博士中央大學中文系教授，文學評論家，古典文學學會會長。

評介「曠野」

李弦

羅門最近出版了詩集——「曠野」，在前行代詩人中他能持續的創作活動，而且依然保持其富於獨特風格的表現，這是當前詩壇中值得注意的盛事。

從早期，羅門就以獨特的心靈觀物，並以新的語言技巧表現其心靈世界著稱。這第五本詩集的書名，事實上也是他的意識中現代人心靈世界的象徵。因此，先談他的觀物方式：從傳統農業社會轉變向現代工業化的時代，羅門敏銳地感覺到：靜態的觀照，人與自然間的和諧、寧靜已經幻滅，而急遽，動盪的現代都市文明，勢必產生一種新的美學。羅門繼續在新的生存環境中，以他的審美經驗來彌縫人與現代自然間的關係：其中包括人與自然分離的困境，都市文明的種種荒謬……這些早期流行的存在主義所探討的主題，羅門仍舊持續地探索下去，曠野中的風景，在七〇年代邁向八〇年代的過程中，顯得較爲眞切而有意義。羅門是現代社會的都市詩人。

他的詩就是透過諸般藝術手法，想要進入新的自然與人類內在活動的核心，表現一種心靈世界。羅門廣泛容受多種藝術媒體，很賣力地傳達他的現代感。「曠野」中仍舊不以敘述性的方式，而經由濃密的意象比喻、象徵，他不常作傳統詩中意象純然的呈現，而加以跳躍、羅列，其中有許多剪裁、拼湊，還有不少的超現實手法。因爲這樣，讀者也要賣力地參與，利用聯想去銜接那簡略，甚或不足的空白，而且自己去尋繹隱密於其中的邏輯發展。只有這樣富於創造力的讀者，才能進入羅門的心靈世界。只是這麼有耐性，且有原創力的現代詩讀者仍舊是不多吧！

古典的審美觀照中的世界，寧靜而美；而現代社會，工業成長中的中國人的心境，轉動而變化，羅門兀立曠野中，他能傳達出什麼訊息？他傳達訊息的符號能否讓讀者體會？凡此種種，對於現代詩的曠野，似乎將只有一些寂寞的迴響。

（本文選自文史哲出版社出版的「門羅天下」論文集）

■李　弦：（本名李豐楙）中文研究所博士、中央研究院中國文哲研究所研究員、國立政治大學中文系教授，文學評論家。

「曠野」的演出

陳煌

以追求藝術的永恆之心來講，羅門算是最能掌握其最內裏最震撼的那一刹那脈動的詩人。遼闊的生命源力，在羅門的詩裏是時常呈現激盪一面的價值。這價值當它化爲詩而代表羅門的觀照和意識時，也許在他人的眼中並不似羅門自己想像中的重要，甚至有點顯得不可思議，但它的確給羅門自己產生最龐大而無限的力量，使他在詩的曠野上得以「柔靜」、得以「劇奔」，無遠引屆。

對人性——或者談所謂的生命的詮釋，以及內心的審視反省，羅門似乎肯以整個心去投入，去透視！這點，表現在詩上的成就，不但在質量和數量上皆較其它的詩人都豐富，眼光尤鞭辟入裏。看來，羅門是一個永遠對生命忠誠而渴求自省批判的詩人。詩人擁有包容而空闊的心胸和觀念是十分重要的，這有助於自己在作品上註定廣度和深度。這點，羅門在「曠野」一詩中，可見功夫。

羅門一向慣用的手法是注生命之力量於藝術意境中，而深具「動感」，在其詩中頗爲多見。說得更眞確一點，即是他的詩觀可濃縮成「生命」二字來代表。生命是活的，也是一切事態、現象、精神、意識、時空、宇宙，甚至詩心的主宰。捨「生命」，則一無所有，一無所得，也一無所成。

羅門了解這眞理，所以他把自己放在曠野的位置上，因可以前見古人，後見來者。也可以環視整個社會和人性，而一覽無遺。因爲，曠野所代表的不單單自然界的曠野而已，更是一整個藝術和生命的演出。

（本文選自文史哲出版社出版的「門羅天下」論文集）

■陳　煌：（本名陳輝煌）詩人，曾獲中國時報詩首獎，並從事散文、小說與評論寫作，雜誌主編。

回顧茫茫的「曠野」

林野

二十世紀的科技文明，把人類的物質世界提昇到睥睨一切的峯頂，然而代之興起的，則是生物間的傾軋、賤害，不斷地削減著生存空間的共容性。現代人面臨著都市的壓迫感，被逼服膺於賜予生活溫飽的權威，忍受各種不能疏導的情緒，因而形成了普遍性的焦慮、抑鬱心態，逐漸轉向佚樂縱慾，乃將人類的精神世界放逐到虛無的荒原。

長久以來，直接源於都市景觀和人類生存層面的題材，一直爲詩人們努力地探討和詮釋。但探討此類的作品，多半由於語言的傳熱性和導電度不佳，或侷限於物象的表淺切割，以致不能激發強烈感情的痛覺反射，所造成的心靈震撼，也就不足爲奇。在當今國內詩壇，詩人羅門對於這些尖銳、猛烈的事物，始終投入最灼熱的觀照，可貴的是他對現代感的瞬間捕捉，透過冷靜的內省，精準地把高度活動性的意象和疊景，拉攏到靈視的圓心。從他的詩裏，經常可聽見血的聲音，都市譫妄的幻覺，同時也怵然看到現代人迷惘的表情。

在詩人燈屋的客廳和這本詩集的扉頁，羅門刻意安排了一扇窗戶。這扇原本用來眺望遠方的「窗」，此刻卻深深幽囚著現代人苦悶的困境，「猛力一推／竟被反鎖在走不出去透明裏。」這種反覆徒然的動作，語重心長地說明了進退維谷，動彈不得的窘態，以下便是羅門推窗時所遭遇的阻力：

在「曠野」的長詩中，詩人目睹被破壞的生態和被文明污染的大自然，發出了沉痛的控訴：

原始的大自然本是一望無際的遼闊，曾經是「最美的海報／展示著春夏秋冬的演出」，奈何隨著人類日趨頻繁的活動，「當第一根樁打下來／世界便順著你的裂痕／在紊亂的方向裏逃。」從此，在人類開天闢地之餘，天空已不再是天空，生存的空間愈來愈狹隘，於是「高樓大廈圍攏來／迫天空躲成天花板」，原野已不再是原野，河流雍塞，到處充斥著的是穿梭疾馳的現代獸──摩托車，於是乎「綠燈是無際的草原／紅燈是停在水平線上的落日」。現代人的生活緊張如扣緊的弦，爲了生存奔忙如蝗，汲汲於道，因此「克勞酸喝得你好累／咖啡把你沖入最疲憊的下午」，興奮劑畢竟不能消除白晝的疲勞，入夜後，支離破敗的心靈又不能獲得慰藉和棲息，祇好「把你的孤寂堆放在午夜的停車場上」，更糟糕的是置身在十字街頭，恍惚不知如何掌握自己的走向，才會有「是你忙著找路／還是路忙著找你」的絕頂荒謬。

重歸大自然的途徑，不再是四顧茫茫的曠野。

■林　野：詩人散文家兼寫詩評，「陽光小集」詩社同人，醫學博士。

「觀海」詩賞析

朱徽

這首長詩是羅門詩作中一首非常重要的作品。我國古代偉大的文藝理論家劉勰在他的《文心雕龍》「神思」篇中說「登山則情滿于山，觀海則意溢于海」，羅門在生活中，可以說從孩提時代起，一直與大海作伴，跟大海對晤，長達幾十年，他對大海的性格與特徵有十分透徹的了解，他這首題爲「觀海」的長詩充溢著他對大海的深深情意，實質上，這首詩也是他對自我心靈的剖析和他的藝術觀點的形象體現。羅門筆下的大海，既壯闊、雄渾，充滿激情，又寬容、恆定，空寂深沉，它飲盡江河、呑吐太陽，群山爲之躍動，時空得以超越。羅門認爲：大海能包容人生的各種境界，最了解詩人與藝術家的心，聯繫到詩人的人生經歷、對詩歌藝術的畢生追求、對藝術各門類的廣泛涉獵，詩歌創作的多姿多彩，我們不難在他對大海的描述中看到他的心靈的閃光和藝術觀點。羅門謳歌大海的遼闊與寬容：說「大海用天地線牽著日月與萬物進出，從未停過」，在此詩開頭，他寫道，大海「飲盡一條條江河」、「呑進一顆顆落日／吐出朵朵旭陽」，羅門正是因爲努力汲取古今中外的藝術精華，融匯貫通，再以自己的心靈出之，才產生出他令人矚目的藝術成就，王國維在《人間詞話》中說：「古今之成大事業，大學問者，必經過三種之境界：『昨夜西風凋碧樹，獨上高樓，望盡天涯路。』此第一境也。『衣帶漸寬終不悔，爲伊消得人憔悴。』此第二境也。『衆裏尋他千百度，回頭驀見，那人正在，燈火闌珊處』此第三境也。」在通向成功的道路上，那種寂寞與執著是不可少的。羅門讚美大海的空寂（「其中最美最耐看的／……是開在你額上／那朵永不凋的空寂」），是因爲任何大藝術家和詩人都必然經歷過空寂感的洗煉，而那種孤獨與寂寞，或許只有詩人的體會最爲深刻。詩人還著力讚頌大海的執著與頑強，下面以兩組排比、結構組成的一節是全詩的精彩部分之一：「任霧色一層層塗過來／任太陽將所有的油彩倒下來／任滿天烽火猛烈地掃過來／任炮管把血漿不停地灌下來／都更變不了你那藍色的頑強／藍色的深沉／藍色的凝望」，這也是詩人自己的性格，是他在藝術道路上無怨無悔、苦苦求索的形象化表現，帶著厚重的象徵主義色彩。「觀海」一詩氣魄雄渾、意境深遠。羅門在與海對晤幾十年後說：「海的額頭最好看，看久了會看到羅素與愛因斯坦的額頭。」他的這首代表作，已經超越了對大海的特徵與性格所作的描述和讚頌，全詩以哲思的方式，象徵主義的手法對心靈與藝術、對人生的價值與追求，進行深刻的反思和全面的總結。

（本文選自文史哲出版社出版的「羅門詩一百首賞析」選集中朱徽教授寫的有關部份論述）

■朱　徽：四川大學外文系主任、文學評論家。

詩人羅門的《山》

紀少雄

山

那乳房
在天空透明的胸罩裏裸著
它幽美的線條與體形
一直被海浪高談闊論
它靜靜的
從不說什麼

風雲鳥
畫過它
但筆觸太輕飄都沒有留下來
倒是它簡單的一筆

把風的飄逸
雲的悠游
鳥的飛翔
全畫在那裏

這是一首被讀者熱烈喝采的名詩，作者是臺灣十大詩人之一的羅門。《山》是一首迷人的童話作品，潛在的夢幻輻射出眞實色彩，象徵化了詩中的自然物。但由於這些自然物的客觀特徵，與詩人賦予它們主觀形態異常的通契，讀者對它們滲透的從感性到理性的過渡便自然而然，毫無阻隔感。波浪從四周永不止息地拍打山腳，擊起高高的聲音，這和「一直在高談闊論」的浮夸者的形象很一致，做爲自然物的山，它本身就是靜穆而穩定的，特別是身處澎湃的大海之中，你更難聽到它會有什麼聲音發出來，因此，「它靜靜的／從不說些什麼」既是山的自然特徵的準確寫，又不知不覺地刻畫了一種沉著、穩重的性格；而風、雲、鳥本身就具有輕飄不穩的性質，它們掠過天空，往往是轉瞬即逝，不留任何痕迹，因此「筆觸太輕飄／都沒有留下來」同時寫出了風、雲、鳥的客觀流動情態和無能、生命短暫者的形象。最後一節中的「倒是它簡單的一筆」不是別的，正是「山」自己那被人贊嘆的優美地起伏的曲線條，這曲線是「山」「簡單」地一揮而得到的，它在空中具有了「飄逸」、「悠游」、「翔飛」之勢，這曲線是不朽的「一筆」，將永恆地留在天空中，於是，富於力量，智慧者的形象便呈現了。

羅門是屬於現代派的，過分追求獨句的奇異而蔑視句和句之間的必然聯繫和情緒邏輯，難免造成了某些現代派詩歌有句無篇的弊病。與此相反，在《山》中，意象的登場是連鎖反應式的，不同意象的遞移和同一意象的回轉都有內在的必然因素，連成一條環形的意象鏈。第一節先寫「山」的外形美，由於比喻的奇巧（山——乳房，天空——胸罩，兩個本體和喻體合並得多麼和諧而順理成章），使「裸著」一詞成爲伏筆。因爲「山」的美是在天之下海之上「裸著」的，所以「海浪」和「風雲鳥」才能看見而去「高談闊論」它，「畫」它。對「山」的美，先是「海浪」高談闊論，然後才是「風雲鳥」畫，即反應者的行爲是從語言到動作的漸漸深入；而「山」呢，先是「不說什麼」，然後才下「簡單的一筆」，即對反應者的行爲的反應是從靜到動，步步推進，使最後「山」的動態美（行爲）和開頭「山」的靜態美（外形）達成完整的境界。

形象和形象的對比，也是《山》的一大特色。實際上，從第二節開始，詩的展開和推進都是在對比中完成的，正負形象接踵而來成偶出現第二節中是「高談闊論」和「不說什麼」的衝擊緊接著又是第三節中的「都沒有留下來」和第四節中的「全部畫在那裏」的碰撞，從而產生的震蕩的幅度漣漪般擴展，充實蘊涵，深化意境。

《山》是一首抒情化的哲理詩。對外貌美、人格美、智慧兼備的「山」的歌唱，是詩的第一主題，體現了「新的理想主義者」羅門對理想境界的嚮往。這是情，鋪滿詩的表層，易感而不淺露。而輕薄，無能的生命，是短暫的，難於獲取美，只有智慧和美才能永恆，這是詩的第二主題，體現了「人的精神與生命的探索者」羅門對生命與存在的窮究。這是理，沉入詩的內核，隱含而不晦澀。

（本文選自文史哲出版社出版的「門羅天下」論文集）

■紀少雄：文藝評論家，並從事詩與散文創作。